星星指引　孤身上路

——聖雅各朝聖之路

鄧達智　著

第一天上路，起步走上法國這邊的比利牛斯山。半個早晨爬了近千米高的山路，小休一杯香濃咖啡，一件猶如「聖雅各之路」貝殼形狀小蛋糕，回望山下來時路。

序一　這就是愛

陳梓欣

二〇一七新年，達智和我在日本和歌山円月島岸邊看日落，景色好不迷人。

我們各走到不同的位置找尋最好的拍攝角度。當我滿心喜悅，認為自己拍到最美的一張，想匯合給他看時；他心裏原來已幾番忐忑，更告訴我剛剛決定五月將前往西班牙走為期三十天「聖地牙哥朝聖之旅」（Camino de Santiago）。不以為然，覺得他既然有這樣的心願，按心情上路便好。

其後，當他告訴我當時的心路歷程，不禁讓我覺得他頗可愛，還帶着一點傻氣。或許，這就是戀愛！

原來為了看到我在萬籟燦爛的日落當時，卻回覆朋友的短訊而感覺不是味兒，納悶地走開；還在海邊的岩石上跨步大跳，險些摔了一跤。曾經因為在新加坡雨中摔倒，引發頸椎重傷的他頓悟生命的脆弱，暗自起願將萌念十數年仍未出發的「聖地牙哥朝聖之旅」定於二〇一七年春天把心願達成。

序二　這麼遠　那麼近

李健雄

機緣巧合，十年前和鄧達智交上朋友。因此，亦交上好些教育專業以外的明友，更得機會品嘗這位不少人眼中「美食達人」身邊沒完沒了佳餚美食，更有幸成為他主持香港電台「講東講西」的嘉賓主持一員。William 為我的平凡生活添上幾筆不一樣色彩，藉此道謝。

沒穿過 William 設計的衣服，然而他在各大報刊撰寫文章，則是多年來我的精神食糧；更曾選用數篇作為通識科教材（請莫向已離教職的我追討版權費）。

旁觀鄧達智對朋友的態度，實在親厚得過份，跡近愚蠢。

非常敢言，無論以聲音還是文字媒介，對目下香港社會種種問題，都敢於表態。說愛香港、以香港為家的人多，他是少數自自然然付諸行動、兼且徹底的人；某次同行我們成長的鄉鎮元朗，午餐後散步回他老家屏山，此人非常自然地隨手拾起沿途路上別人遺棄的垃圾、尤其塑膠及發泡膠，繼而送到仍須走上好些路才找到的垃圾站或垃圾桶，這就是我微觀的鄧達智。

就算不是他的朋友都知道，媒體寵兒鄧達智過去數年亦曾經歷不少起伏難關：兩次大型手術（頸椎及乙結腸癌）、至親離世、情路遇人不淑、更「膽粗粗」踩入飲食業……面對每度難關，都擺出一副「千山我獨行，不必相送」姿態，至少局外人如是看。

不敢大膽自稱 William 為知己好兄弟（等候的隊伍實在太長，早已看不見龍尾），然而，近年無數個週四夜晚，香港電台深宵清談節目「講東講西」完畢後，從九龍廣播道至元朗三十多分鐘車程中，小心駕駛外，同時當好一名聆聽者，多年點滴積累，更能看到一部分真實的鄧達智。

教我意外；面對愛情，William 竟然有點像情竇初開少男，變得忐忑、手足無措。早已習慣孤身走我路，卻隨知名度愈增，投入愛情的成本風險愈高，令他在多年愛情路上採取以退為進策略，直至二〇一七年……

二〇一七年，鄧達智幹了兩件大事：

用二十多天走了一趟從法國而西班牙的聖地牙哥（聖雅各）朝聖之路。

更出乎眾人意料之外，讓朋友並社會各界嘩然：竟然宣佈結婚！

計劃行走西班牙朝聖之旅已久，一次又一次因突如其來諸事不順擱置。猶如旅途上其他朝聖者，相信 William 揹負着好些問題上路；旅程結束，是否尋得答案？相信從這本一步一故事的小書中可尋獲痕跡，甚至我們期望窺探的答案。

目錄

上篇 星星指引孤身上路

中篇

謝謝您在世界的角落找到我

下篇

望天上雲卷雲舒

上篇

星星指引孤身上路

1 波爾多
Bordeaux
法國
FRANCE
PYRENEES
2 比利牛斯山
Pyrenees
3 潘普洛那
Pamplona
4 洛格羅尼奧
Logrono
12 波倫卡
Pollenca
馬若卡 11
Mallorca

1

2

3

4

5

6

N-547
SANTIAGO
N-547
LUGO
7

8

9

10
17

11

12

13

14

15

16

盧戈 7
Lugo
聖地牙哥 8
Santiago
里昂 6
Leon
布爾戈斯 5
Burgos
9 砵圖
Porto
10 馬德里
17 Madrid
葡萄牙
PORTUGAL
西班牙
SPAIN
16 哥都華
Cordoba
13 西維亞
Sevilla
15 赫雷斯
Jerez de la
Frontera
14 艾西拉
Asilah

REFUGE

從法蘭西走路到「葡萄牙」

沒想過計劃從法國走路八百公里，到西班牙西北部的「聖雅各朝聖之路」（El Camino de Santiago，簡稱「聖雅各之路」），竟然引來那麼多人發生興趣。有朋友央求同行，有陌生人甚至旅行社問詢會否組團（好不香港，見有利可圖生意路數立即落搭）；同時也看出部分香港人的特性：想走這條路又礙於單獨一人上路心怯，見有人出發，立時徵詢同行的可能性。我的答案是：比較困難！

筆者由來已久是個獨自上路的自遊人。近年初衷有點改變也止於關係非常密切好友、同伴，又或不長於五天的短程共遊方式。

人生行旅目標好幾個，其中包括這條傳說於公元九世紀初，由星星指引牧羊人發現聖徒雅各（希伯來文叫雅各，英文叫詹姆斯，西班牙叫地牙哥，實為同一人）遺骸的「聖雅各朝聖之路」。耶穌死後，門徒雅各於西班牙傳道七年後返回耶路撒冷，卻在當地殉教，其門徒將屍體偷運回西班牙西北部的加利西亞（Galicia）安葬，後被牧羊人發現，就地建成「星星引路聖地牙哥大教堂」（Santiago de Compostela，簡稱「聖地牙哥大教堂」或「聖地牙哥」）。

「聖雅各之路」沿途設有貝殼星星指引方向。

至十一世紀，仿效雅各走過的傳道之路鋪修完畢，沿途擁有完整教堂、修道院、驛站等等。

這目標不得乘飛機、火車、汽車、驢馬到達，必須步行。來自世界各地不同宗教及信仰人士參與，為求孤獨一人自處，每天以雙腿徒步走完。

能夠拋下日長日短塵世俗務上路，怎會心甘與人同行？

目標：回來轉變為另一個人？不再戀慕前人前事？還是，心性既定清晰不移？

並非挑撥人家分離主義，寫「葡萄牙」而非「西班牙」，原由聖地牙哥大教堂位於西班牙西北部加利西亞，跟伊比利亞半島大部分地區不同，北非摩爾人的八百年伊斯蘭統治並未進入加利西亞，從而發展出有別其他地區的獨特文化、語言，縱使天主教重掌政權，仍享長達五百年獨立。

一六六八年葡萄牙及西班牙分裂為兩個國家之前，加利西亞與葡萄牙在各方面都更為密切，有甚於西班牙的文化聯繫。

無論從法國中部、南部等不同地區出發的「聖雅各之路」，越過路程頗艱鉅的邊界比利牛斯山（Pyrenees），下山後也非標準西班牙地區，而是鬧分裂鬧得比巴塞隆那為首的加泰隆那更熱烘烘、與當地美食同樣馳名的巴斯克（Basque）地區。

巴黎不代表法國所有地區，馬德里也不代表整個西班牙，徒步走過巴斯克與加利西亞，除卻不同地貌風景，重要風土人情，與一般人比較熟悉的馬德里及巴塞隆那更見明顯分別。

到達法國首站酒鄉波爾多，抬頭偶遇雙鳥比翼齊飛。

上路，爲了放下

立定目標上路，尤其虔誠基督教徒，以「得着」為大前提；一些祈求宏願成真，一些祈求惡習戒甩，一些祈求身體復原。總的來說從「得」着手。

最終決定上路，思索超過二十年，先經歷工作繁忙欲罷不能，後頸椎重傷大手術後遺症、數年裏連至輕便背囊也無力揹上，母親患病爾後離世，未幾自己患乙結腸癌、手術、治療……時光荏苒，再不行動，歲月無多。

付諸行動背後最大動力：感情。

不是正面祈求得着，出乎意料之外發生在自己身上、意亂情迷不能自拔，唯獨自上路予空間面壁，但求：放下。

數十寒暑易過：工作事業眼見工夫，至難駕馭人與人之間的關係，自少害怕感情牽絆，絕大部分營生寧選獨自面對。

二〇一七年伊始，日本和歌山白濱，面對円月島氣象萬千日落，自忖：是時候了，今年不出發，明年、後年……時間愈拖愈難成行！

趁情感事紛亂，乘機上路，以「放下」為前提，從頭細認、演繹深度孤獨。

四月底，從法國西南部、比利牛斯山腰出發，以雙腳步行橫過西班牙西北部「聖雅各之路」。

出發前搜索、閱讀有關「聖雅各之路」的著作頗多，然而大部分資料既不客觀，也不實用，尤以偏重個人情緒抒發，甚少具備簡約圖片文字，直截了當將行程向讀者清楚描述。

好些不脫神話化，偏重感情用事，未能說出行程雖長，上山落山不容易，一般人必須一個月以上時間行完，經歷肉體與毅力考驗。網上訊息影像反而更具體、實際。除此之外，相對藏人經年轉山的肉體精神付出的毅力，走一趟「聖雅各之路」着實無可比擬。

沿路但見不少朝聖者將心願、記掛的親人照片置路邊起願。

朝聖之路

電影《朝聖之路》（The Way），由資深演員馬田辛演出，父子兵上陣，兒子 Emilio Estevez 任導演兼客串演回片中人兒子（這個並非荒淫無道另一位兒子、荷里活臭名遠播查理辛）。

電影講述「聖雅各朝聖之路」，從法國西南部 St Jean Pied de Port 開始，穿越天氣不穩定比利牛斯山，沿西班牙北部，走向靠近大西洋終點聖地牙哥大教堂，此處為天主教繼耶路撒冷、羅馬三大聖地之一。路長近八百公里，每天平均走路二、三十公里將用上三、四十天才得到達，中間不少崎嶇山區路程更艱辛。

從收藏光碟架上抽出《朝聖之路》重溫，皆因四月中旬生日之後，將會走上這條朝聖之路，完成多年心願。縱使小時接受教會學校教育，卻非教徒，不少上路人也不一定耶教，心懷意願、考驗毅力，完成路程誠為不少人終極願望。

電影《朝聖之路》講述早年喪妻醫生一直與獨子關係疏離，每天埋首工作，直至一天法國警方越洋來電，告知兒子在天氣不穩定比利牛斯山突遇風雪，意外離世於朝聖之路。

前往領取兒子屍骨回美國安葬期間，改變初衷，將兒子火化，帶着骨灰，沿朝聖之路，一站灑下一點骨灰，一直走到相傳埋下聖雅各骸骨的城市及聖地牙哥大教堂，不單止，更一直走到大西洋岸邊，將餘下骨灰灑進海洋，代兒子走完這條心路。

在此之前將拍得優秀感人的電影看過兩次，當時思考走一次朝聖之路，視作人生之旅。直至二〇一七新年期間，與同伴於日本和歌山白濱円月島望燦爛不凡日落，心下起願：就今年！

世事瞬息萬變，誰知可再有明天？

不一定有明年，上路在當下，將塵世俗務纏繞暫且放下，用雙腳走一轉長路，讓自己更接近自己。

聖雅各精神

聖雅各從耶路撒冷出發，先到法國中部偏北地區，再往西南，越過比利牛斯山，沿西班牙北部至西北陲、靠近大西洋地區，再南下今天葡萄牙及西班牙南部隨行隨將基督教義傳播。

耶穌門徒在耶穌被釘十字架後四散，將教義發揚光大。八百年後，聖雅各的事蹟仍為人所樂道，並成為西葡一帶至重要的信念象徵，但雅各的屍骨卻已湮沒，只有傳聞，而找不到實據。直至一群牧羊人在星星指引，神奇地找到聖人骸骨，將其重新安葬，並蓋建宏偉大教堂，此地改名「星星引路聖地牙哥」。

自此，聖人之名在伊比亞半島，在日後兩個海上霸權王國的殖民地皆為尊崇對象。教徒們在過去千多年來沿着聖雅各路線，徒步走來，絡繹不絕，「聖雅各朝聖之路」亦成為不少慕道者的必修科，包括聖人聖方濟。

如今此路已相當成熟，每年大概八十萬來自世界各地的慕道者前來，沿路十分興旺，教徒、非教徒都有他們不同的原因上路，尋找答案。

一天內走五十公里路，黃昏進入聖地牙哥（Santiago de Compostela）。

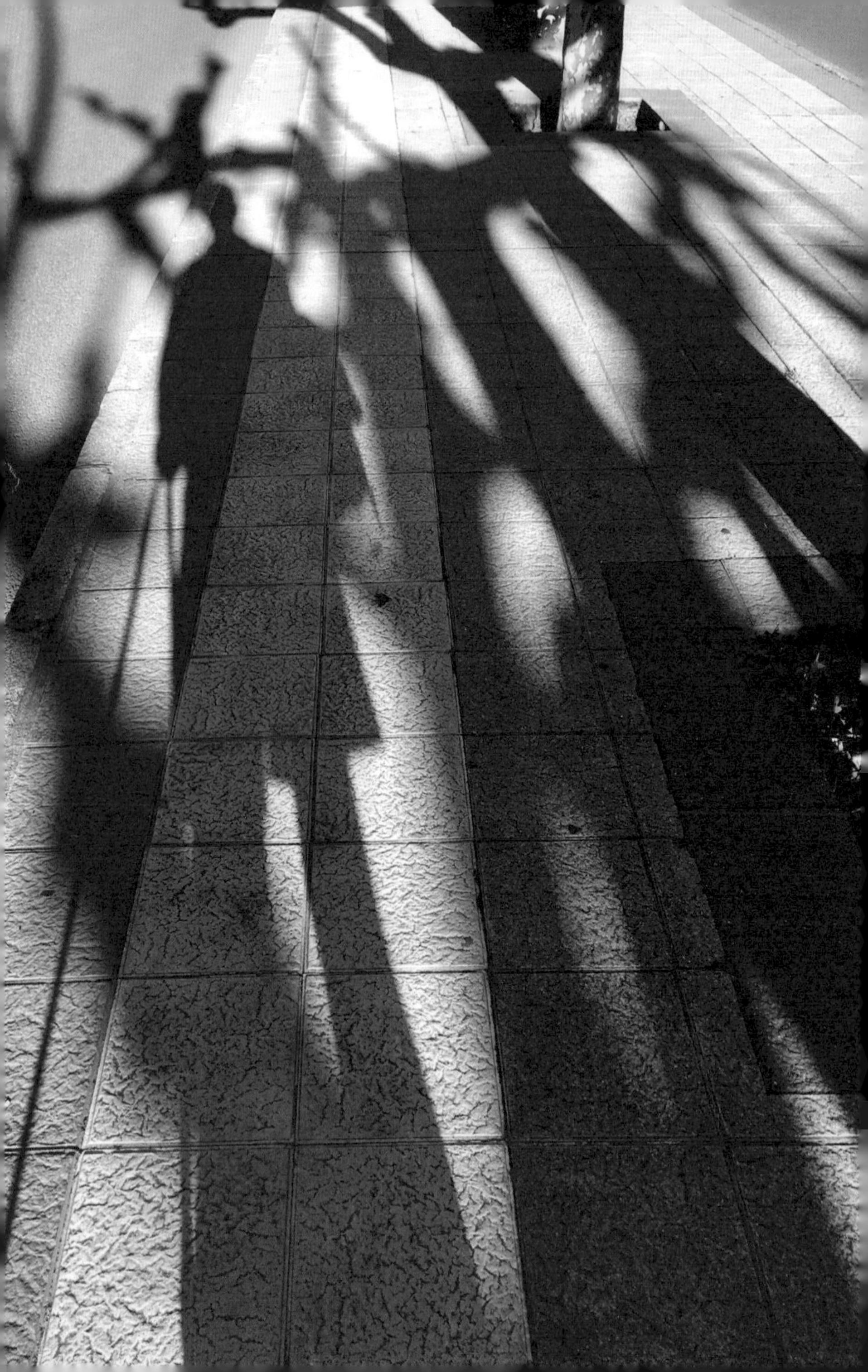

十天內瘦十磅

旭日初昇，人在路上。

雖非與她合演《雙姝怨》（*The Children's Hour*）的柯德莉夏萍、同期伊利沙伯泰萊、稍後嘉芙蓮丹露等等影迷的超級偶像，始終奧斯卡影后莎莉麥蓮，老而彌堅電影並舞台中堅份子及名人，記者怎會放棄跟蹤這樣一位擲地有聲、二十年前走上朝聖之路的超級巨星？

那天早上，就在西班牙北部聖多明哥（Santo Domingo）與貝羅拉多（Belorado）之間某個村子的朝聖人士入住的宿舍浴室，兩名攝影記者突然拉開浴簾迅雷不及舉機拍攝。正在沖涼的莎莉麥蓮一巴掌把他們的照相機打掉，迅速用浴簾遮住身體，高聲命令他們離開……

麥蓮寫道：「我可以預見往後未走完的路將吸引媒體尾隨的問題會愈來愈麻煩，最焦慮的重點：不想從自己生活裏帶來的包袱，造成其他朝聖者的困擾。但我知道如果在哪裏召開記者招待會要求記者停止跟蹤，只會讓記者將跟蹤升級、變本加厲。我明白媒體好奇全因交差，難道他們對朝聖之路對於人們的意義卻毫無感覺？」

浴室偷拍風波打擾了其他毅行者（朝聖者並不完全適用，今天走上聖雅各之路，並不全部天主教或基督教徒，這份精神近年已超越宗教、種族、國界），麥蓮又羞又窘，當天趕緊穿好衣服從後門逃離現場。

「……我試着控制思緒，好讓自己脫離恐懼。我想到電影，想到舞台秀的新點子，想到曾經交往過的一些男人，想到女兒。茫然失覺今天是星期幾……啊，至少在十天內瘦了十磅；真是減肥有效良方！」

正確不過、往好處想。哪個荷里活影星不為體重扭盡六壬？每天走路二十多至四十公里不等，不斷勞動的身體怎也不可能吃得過飽，個別情況體重增減可能不大，絕大部分毅行者消瘦必然，十天減十磅？簡直減肥廣告！

當人人都在過去一個月內逼迫着，要我增加食量：快多吃點，不然何來氣力上路？

聽多了勸告，本來拒吃甜與澱粉質在兩個多月內減去的十公斤體重，在適量增加食慾下反彈了一些，深信旅程開始每天付出的體能絕不會少，路上一番較量看路程完結剩下多少斤両。

愛大晒？

傻的嗎，接納，或者容忍情人有其他性伴侶……你以為愛大晒？

人生有選擇，犯得着踹這渾水？

寧願孤單、一個人。

除非朋友關係，友誼包容性廣闊，因友之名，尊重朋友生活方式，無任歡迎！

說了半輩子的信念言猶在耳，突爾更變？

看通一點點，雖然有點難度，似乎無需將二人身份降級回到友誼起步點；關係並非開放，首重開明。愛情並非牢獄，愛他（她），讓他透透氣，擁有自己一片空間。摯友當時還在巴黎生活，白天工作，晚上照顧何止三名子女？還有長不大的童顏丈夫。那年探她，約中午飯敘，改為下班歡樂時光，「……每星期一至兩次，必須與情人利用午餐偷情溫存，放鬆身心。」

當時年輕自己皮薄，嘴巴張得老大……其後，離婚，她遇上另一個他，帶着孩子搬到普羅旺斯，無需婚盟，單一純愛不存雜質關係，超過二十年。

好友男男生活二十年，透露二人達致水乳交融，生命不能缺少另一邊，全賴深愛尊重對方另加開明性生活。

頗長一段時間在下始終搞不清楚：愛與性如何分家？

塵世間獲致身心純淨愛與慾，首推女女關係，肉體構造與心性偏向，感情來得比較穩固。

男女關係次之，唯近年也不保險，鹹濕何止男人？女人當然也鹹濕，只是舊時代相對保守，努力遮掩予人錯覺。

男男關係簡直是浪花、水中沙；百分之九十五男人都鹹濕，餘下兩個百分點清教徒，兩個百分點犯呆，一個百分點……不敢說無能，性趣低調吧。要兩個鹹濕男拼在一塊？無魚腥猶自可，風中傳來稍微丁點肉味，自心底痕癢難擋暈頭轉向。剛過的泰國新年潑水節，帶來網上流傳甚廣，鋪文一則：「如果你喜歡的男生最近不在泰國，那他一定可以付託終生！」

如此簡潔，透露人人南飛賀泰歲表面潑水，內裏淫樂潑得精流成河。

今天生日，明天上路，邁進新階段。過去幾天老是讀着幾本有關聖雅各之路的書籍，似乎增添幾點新啓示：愛，原來真的大晒，問題是你想離？還是想留？

想留是愛，比較辛苦；必須尋找平衡空間以作支撐。

想離也為愛，保留美好回憶，作法很簡單：行出去，一個人讓山、水、日、月、星辰淨化，活在的當下並非一個唯一的層面，如何接受？如何選擇？如何營造？如何一起活下去？去到最後悉隨尊便。

Logorno 昏黃倒影自拍像。

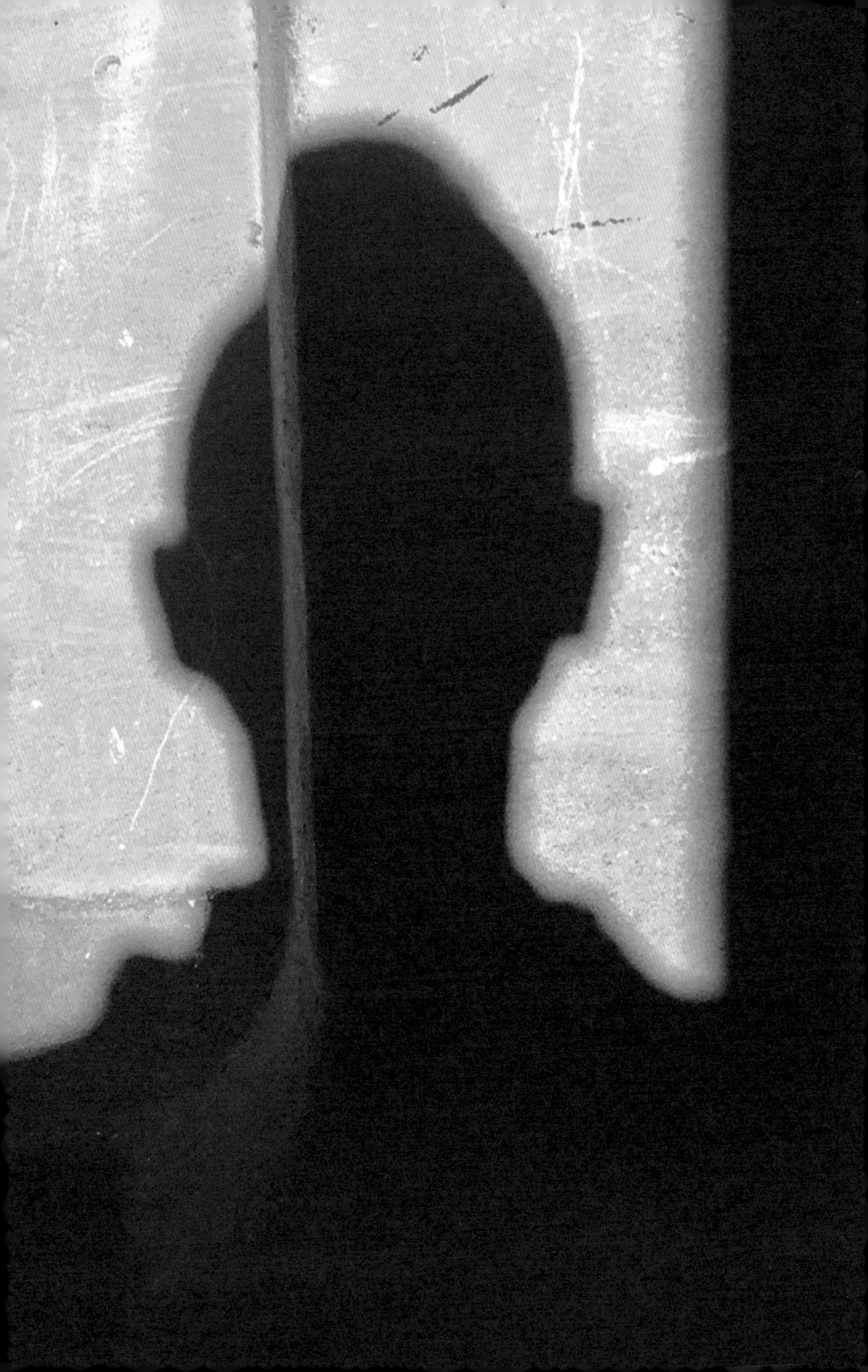

勿將別人變自己

二〇一七年一月初日本和歌山白濱海邊，朝兩小山之間呈通透圓窗狀円月島望晴朗藍天下完美日落，半分任性半分耍小脾氣，沿海邊岩石一步一步跳到水的另一邊，天色漸昏暗，岩石濕滑，自己身手又非一流，腳雖然在跳，心還幸仔細，來到較寬水邊，明知這步跳不穩妥，定必滑倒岩石甚至海裏……一意孤行，不理後果只在乎自負盈虧與人無尤，不作二想回頭路，十二秒沉思時限即過，大步起腳飛跳。

這點距離難不倒自己，只是關心對面岩石有多濕滑？鞋子防滑程度有多強？跳躍衝力並產生身體不平衡程度有多高？全無計算，就信自己、信天意，還需背負多年前在新加坡雨天跌倒嚴重撞傷頸椎的夢魘，如果再跌呢？

不讓舊傷壟斷，莫讓思緒打住，就跳過去。好險；右腳先落沒跳，立即穩陣。左腳隨後，沒那麼好運，落腳即跣，幸運靠右腳穩定全身，不致滑倒，找了塊舒服岩石坐下，零下氣溫未致大礙，猶有餘悸，那手顫抖，隨後拍的照片泰半跳動不能用。

面朝大海，日落餘暉瞬息萬變，想起星星引路聖地牙哥背靠大西洋，這條純粹與自己比拚、自己對話的長路已然計劃已久，中間難關一關一關越過，不要等明年，此時此刻當下決定：就在今年，愈快起程愈好。

有人認為私人理由驅使……

也不排除確佔幾分。

既為人怎會沒心事幾件？被別人別事凌駕豈是自己Style？路上怎會事事如意？

無能改變別人，因果Karma早定。

莫向自己開刀灑鹽，能改變，就你自己。

一年將盡，以此為戒！

八千里路雲和月

八千里路雲和月；何等憂傷、浪漫、遙遠？

那是古時，前進全靠人力、馬力、水力的世代。今時今日，八百里路？上海都到不了，飛機一個多鐘即達，何用甚麼旅途準備、忐忑、思念？一張身份證或一本護照另加信用卡一張即可飛翔。《酒經月刊》總編輯劉致新說：按古人旅行方式，老老實實用雙腳貼地一步一步走下去，似一千年前的旅人……

不用一千年，不過一百多年前除馬路水路，絕大部分人都靠一雙腳逐步完成旅程。

老友記說：你估你今年十八廿二咩？一個人行一個多月、八百公里，點叫親朋戚友放心……我知、我知，早過十八加廿二！身體不見得比任何人特別硬朗，比起自己早幾年，那時壞得不在話下；清楚，身體不差的今年不上路，明年更難。

終於「聖雅各之路」出門前一星期，竟然忐忑不安。

比利牛斯山腰、法國西南 St. Jean Pied de Port，開始登山、上路。

同伴說：同一時段大家都在西班牙，停留目的地與時間表都清楚交代了，如若旅途不順，立即飛過來便是……想他純粹激將法，熟悉我者皆知在下任性，不論一十八還是八十一分別不會大，只要說一番反話，定必鼓舞我將原意堅持，誓不悔改！

他老早備份電話 Data 卡，借出曾經翻山越嶺遠足旅行的背囊、小友送爬山雙枴杖，又幫眼挑選輕若鴻毛睡袋，行醫的贈醫施藥，認為沿途風光如畫的拍友借出相機，認為至重要發稿發信息的送額外電話以防萬一，專業行山遠足鞋早在一個月前準備兼上山落水試用多次、行長路至怕穿新鞋，衣服反而是自己強項，三套 Mix and Match、全黑、快乾、保涼、護暖……務求背囊內容不超過五公斤以防止本來沉痾重傷頸椎加壓力，將與自己相依為命近兩個月，打成一片無論如何要各自如魚得水猶如親密伴侶，切莫中途厭惡，使計盡數拋棄，寧願裸行零包袱！

你看看，走一趟法國／西班牙八百公里「聖雅各之路」不單止一條路，更是人生一大考驗，自己與自己建立起來極親密的一段關係。

離開倫敦前的夜晚，再次將行李整頓，能減則減，能捨得捨。

karrimor
leopard
上帝旅行社
Camino de Santiago

第一步斷捨離

曾經逃亡、走難的人，至能明白面對眼前抱擁物事，樣樣寶，樣樣都需要，執這件？棄那件……周而復始，棄這件？執那件？難捨難離至最後限時，草率整理，腳踏出屋門，眼睛回頭不完；如非苦苦血汗賺得，便是至親、至愛感情打造，如何斷、捨、離？

也是逃過亡、走過難，生命保存下來的人至清楚。最終，至貴重：齊齊整整家人及愛人。不幸最後一無所有，但求活命一條，留得青山在，過得了此刻、今天，只要活下去，一切從頭開始。途中先放棄衣物，繼而珠寶首飾、黃金活命錢。至慘痛：將兒女放手，各走各路，但求各自留得活命，有緣重逢團聚。

一面打字，難禁一面笑：

有那麼嚴重？閣下無疑面對前頭三十天、八百公里路，有需要如臨大敵？

無事忙兼玩樂不斷，上路所需諸物攤了一堆在房間，沒好整理，出發往機場前兩小時，迅速收拾入背囊，提着下樓心諗：慘，重甸甸如石頭！

揹上肩背，感覺還可以，專業行山遠足背囊構造按人體骨肉關節靠攏，將死力卸下；然而揹着它每天行路二、三甚至四十公里可能嗎？

骨肉並魂飛魄散！

前往機場前三個小時，與同伴並好友前往青衣美景花園「Solemate」餐廳，吃一頓優廚 Vito & Cici 特別炮製 Spring Menu（充滿春天田園風光的菜單），另加自己曾經嘗鮮、迷戀上了、一試難忘的 Seafood Platter。讓顧客易記，特別為其命名：Solemate 海鮮盆菜。

鄰桌青姐胡孟青介紹友人：Sandy Yiu，據稱首個走上「聖雅各朝聖之路」的香港女孩……

Sandy 先提醒：背囊絕不可過重，十二公斤以下為標準，不然，過不了三天；尤其閣下選擇自法國 Saint Jean Pied de Port 起步，甫出發，直上比利牛斯山，上山辛苦，下山被背囊重擔壓迫膝蓋更辛苦！

Sandy Yiu 給我中肯建議，首重行裝必須輕、更輕、至輕！

相信背囊並未超過十二公斤，拿上手卻重甸甸不好受。飛抵倫敦首要事項：換個更小的背囊，審視原來內容，能減則減，能棄則棄。

Sandy Yiu 隨後發來信息：保暖衣物不能少，襪子多幾雙，能一次過穿上兩雙至好，免腳板磨擦生水泡，替換衣服兩套，隨行隨洗。原意只帶一個斜孭袋，一個腰袋。那睡袋放哪呢？

其他不說，睡袋很重要！最後解決了，孭在腰股間。

從來出門帶極少行李，少年乘順風車橫跨北美洲沿西岸至墨西哥再折返溫哥華，乘飛機返多倫多；全程小小斜孭袋一個，兩套衣服，沒睡袋，一去兩個多月。

曾經大浪西灣一帶、石澳、分流遊山玩水，興之所至，留下過夜，就地而睡，甚麼都沒準備。

這次旅程何用帶上那麼多東西？

是「聖雅各朝聖之路」太高調，資料太多，反令行旅細節失卻輕鬆自然？

新背囊在倫敦買好，比同伴借我的兩個較小；至重要：黑色。

重新再執拾，拿走原來三分之一物事，總算全副家當維持九公斤，上路不概無憂。待上路後，沿途審視，再作更進一步斷、捨、離。

12

切記帶耳塞

從法國穿越比利牛斯山，至西班牙西北角的「朝聖之路」，導讀指引囑咐上路人隨身穿着，並背囊內必須準備物品之中，竟然一再提醒：多帶幾雙耳塞。

距離出發前兩個月已開始準備，時間似乎很充裕，時光荏苒極匆促，已進行中的各式生活細節流水作業停不下來，必須騰空購買精益求精的衣物，細心執拾行李，不是加，而是減；猶如走難，再捨不得，能棄則棄，能扔得扔，只求雙腿走得爽快背負至輕為標準。

又非一般旅行，所攜物件必須符合實用價值，熟悉行遠路的朋友與平常行山友有不同看法與要求，例如彈性強勁護膝、護踝，可承受人體百分之六十重量的雙枴杖，用臀部承擔大部分重量而非依賴肩膊的背囊，可透氣但防水 Gore-Tex 物料製造的行山短靴……一項接一項，好不簡單！

人家問：閣下也經常行路遠足，今次有啥不同？

方便朝聖客，Camino 沿途充滿平實、乾淨及溫暖的旅舍。

當然差異非常大，不用說走路四十天，單單穿越天氣驟變、一天幾季的比利牛斯山，與平常走路去西貢大浪西、鹹田一帶簡直天淵之別。

過去經常拖鞋上路，除了錢包與身份證，何止行路幾小時到鹹田灣？興之所至，毫無裝備就地睡沙灘一夜。

也曾從翡冷翠走路到錫恩納，從耶路撒冷到伯利恆；為時不過幾天，情況與四十天大不相同。

導行紀錄片或刊物，不厭其煩提醒上路人準備多幾雙耳塞；沿路不一定找到旅館；而需入住修道院、教堂、社區中心設數十人甚至上百人同一空間睡碌架床的宿舍，可想而知鼻鼾聲浪如何彼起此落。人人每天行上數十公里路，除倒下賊睡就只餘賊睡，若然被其他人的鼻鼾聲影響而失眠，次天路程肯定大打折扣，耳塞此時發揮至偉大作用，多帶幾雙絕對無妨！

全副武裝，從法國西南部始步。

第一步波爾多

倫敦晨早六時四十分航班飛往波爾多（Bordeaux），準時在法國時間九時許到達優質葡萄酒之鄉，立即前往火車站意欲乘下班火車到 Bayonne 轉 St Jean Pied de Port。一天只有兩班車前往法國「聖雅各之路」上比利牛斯山、進入西班牙前的山區小鎮；第一班車大清早已開出，下一班車下午三時多才開出。

無端多出六小時，雖然揹着背包十公斤，也樂意，漫步波爾多；倫敦上課某年夏天前往北非摩洛哥途經酒鄉住了一個晚上，次天南下巴斯克重鎮、山海美食之城聖賽巴斯蒂安（San Sebastian）。印象波爾多古樸優雅，氣勢恢宏，如真正積累 Old Money 的世家子弟，表面默不作聲，相比米蘭、巴塞隆那萬人朝拜活色生香，他卻優雅精緻，除葡萄酒劉伶，似乎其他人去來似乎一無是處，其實他們只是無聞。

記得沿路問途人何處吃得平靚正？

尋到氣氛火旺猶似油旺露天餐廳，道地菜式之外，西班牙、葡萄牙、摩洛哥菜式……豐富之至。當年人樣、衣式讓風景更貼近北非，就似為我們北非旅程先作備課。日落飯前、入夜飯後，散步城中心，但覺輝煌淹在樸素間，毫不張揚；廣場、噴水池、教堂、市政大樓、連綿有年份大廈、並高齡廣大巨樹點綴，城中心面對寬闊河濱，氣勢不凡。

轉眼數十年，再來，整個城市刷洗明亮，近年全世界人口瘋狂戀上葡萄酒；有人為品嚐口福，有人為投資得利，各取所需。提供葡萄酒之福、利，捨波爾多誰屬？令原本飄香古城愈加繁榮！

老友文麗賢近年度假愛自駕歐遊，一再前來波爾多享受好酒美食，見我Facebook鋪相鋪文即答：「這城市既漂亮、優雅、乾淨兼不喧嘩，喜歡她比近年愈演愈亂巴黎更甚！」

遊城淨行路十多公里不是問題，首次揹着十公斤背包走路，縱使午餐好酒全蠔餐，難以替換辛酸，晚上到達聖徒宿舍，立即搜出衣服若干、面手膏油若干，留在宿舍當眼處予有需要上路者取用。這路走下去，要扔掉心繫之情、身外之物，多着呢！

ANTIAGO DE
OMPOSTELA
790

山中天氣變幻無常

天微亮，一口氣從山腰爬山一千四百米到達山頂（三千多米高），上爬路上但見滿途勝景，春花處處，不少同路人今天始步，未慣而不停氣喘；藍天如洗，仍寬容迎人，笑聲不住。

這笑聲，過了路最高點，漸次零散。行山、人、事與愛情同：

「追求苦亦甘，怎及撤離傷？
上山難亦樂，不比下山痛。」

行走「聖雅各之路」，選擇由法國西北部小山城 Saint Jean Pied de Port 始步者眾，也最考人；比利牛斯群山不止高，夾在地中海與大西洋之間，氣候變幻莫測，當年北非摩爾人攻佔伊比利亞半島，嘗試越過山嶺犯境山的彼端、今天的法國，卻被山與天氣阻擋。記錄不鮮，有人迷路遇上風、雪、雨、霧，稍微差遲掉下山有之，山上凍僵、餓斃有之，從電影、文字讀得資料，之前準備四個多月，一再忐忑自問：不如由 San Sebastián 或者 Pamplona，甚至

第一天越過雪雨比利牛斯山；第二天開始，後面的路還有七百九十公里。

Leon才開始起步……

盡往容易處揀路，不如不去！

心性定下來，便不要老給自己藉口，走路辛苦決定性（頭三天，自己任性，不斷逼迫走了過百公里。白天趕路不宜進食，晚上太攰，望着食物吞不下，一下子輕了兩公斤），自己雖非教徒，也算是個慕道者，要走便老老實實徹底點，左省右扣失卻尊嚴去來何用？

山到高處只聽得風聲與鳥語，只餘短草坡，再無大樹，偶爾矮腳馬頸繫銅鈴響起搖晃叮噹；想起那年上米蘭北面、意大利接壤瑞士山區，牧人按阿爾卑斯傳統，夏天帶領牛羊上山吃肥美嫩草，得奶以古老方法製造乳酪，當地朋友帶上山見識，滿眼景色跟這裏相同；風聲、鳥語、牛羊鐘聲；氣溫驟降，前面連綿雪山，雲也在密集，天要變色了，心念！

過午往前走，路上積雪愈密，才下山，雪開始飄起來了，點點心慌連跑帶跳趕路，腳趾不斷撞向鞋頭，黃昏前到達寬廣古老修道院改建慕道宿舍Roncesvalles，厚雪已下得整片山林轉白。脫下靴子，驚見左腳大腳趾甲下已冒紫瘀；前人說過，走遠路，準備行路鞋宜加大一碼，每次穿上兩雙襪子對保護腳趾與腳板更有效，果然。

也有人提點：山中天氣無定向，心理、生理都必需妥善面對。沿途天氣好到底，不用大喊好運；真正運氣佳者當遇上比利牛斯山至正常的風，雪、雨、霧，未有幻變無常，事過境遷始得留下深刻印象。

重背囊輕背囊

路上碰到銀髮一族，特別敬重！

那位法國青年才二十出頭，大學剛畢業，從巴黎南邊、里昂北面 Auxerre 出發，當我們在西班牙北部靠西山區碰到時，他已經走了一個多月的路。

腳蹬涼鞋，一身輕裝，揹着輕鬆小型背囊，他說裏面只有極簡單日常用品，比較重要就是一件避寒羽絨衣及兩雙晚上穿戴睡覺的厚襪，除左右兩支手杖，根本不似走那麼長路的人。

身段圓厚德國行者，雖然埋怨行速坡被體重拖累，無減輕快情緒。

年輕人身輕如燕，行李簡約走得比我快也很輕鬆，下山時談上十多分鐘便道別先行了。臨別，說笑：為甚麼那麼多行者揹負重擔上路？尤其美國人！一千二百多年了，從朝聖聖徒開始，到今天不分人種國籍、不分宗教的人都來走一趟「聖雅各之路」當作人生必修課，路徑設施相當成熟，沿途各式食品生活用品齊備，就是碰上週末或公眾假期，必有華人一星期開足七天、年中無休 7/11 雜物店甚至大型超級市場。居住方面更不用擔心，各級消費酒店、旅館、民宿、多人一室大型宿舍齊備，至荒蕪的山區、至袖珍的山村都不缺夜求一宿的溫暖床鋪……難道他們以為去阿拉斯加露營？

真是過來人。

一般導行讀物都小題大做，何必教人將家中的溫飽條件全揹着上路？如此依戀物慾，上路意義盡失。反而沒太讀到教人準備一雙拖鞋的真正原因，一般只說遇上腳底起水泡不能穿鞋，拖鞋可作燃眉之急；無人提到進入聖徒旅舍，必須脫鞋，拖鞋方便室內、廁所、廚房間的行動。不論上山、下山，甚至走平路，一雙支撐一半體重的手杖比任何扶助物都更重要。不少告誡早上七時出發到下午二時左右停止，行程大概二十公里，事實因人而異。

非裔法國護士 Yvonne 從法國中部 Vezelay 開始，比利牛斯山下山時遇上已走了一個月路程，與她投緣，不斷遇見。

我便每天從早上走到黃昏，平均走三十至五十公里；除了中間 Burgo 至 Leon 一段地勢平坦長路，兼與高速公路平排、貨櫃車在行者旁邊穿梭，自己不是教徒，只想走一趟長路淨化心情，見沉悶即跳上巴士。如此這般十多天即走完西班牙北部行程到達「星星指引聖地牙哥」，那用資料信奉的一個月時間？

歸來，不再談論人家口中的苦行；行過，並不如傳說中的辛苦，更非神話。

除了奉獻基本十多至三十多天與自己熟悉的環境、習慣與面孔隔絕之外，這路並不如此苦。

猶如人生，揹重背囊還是輕背囊？辛勞還是輕鬆？悉隨尊便！

我想還是會回去從頭再行，就穿涼鞋，揹個輕輕鬆鬆小背囊。

法國青年 Pierre，剛剛大學畢業，趁上班工作前，輕裝上路。那種輕，讓他身輕似燕，特別令人羨慕。

行至裸退時

鏡頭前女士笑着說：一路走來，這肩背上的擔子真重，先將三兩天內發覺多餘無用護膚品、維他命丸、襯色飾物，逐樣扔棄。

如是者路至中途，清楚那幾件常用衣物，餘者就地送予街頭露宿者。

最後幾天，就一個小袋裝載一兩件保暖衣裳，牙刷牙膏，足下一雙鞋，聽說能負荷體重百分之六十的雙枴杖，也因快行完八百公里長路整個人消瘦了、輕飄飄的也不再需要，放在路邊讓有需要的人拾去。

最後一天，距離目的地還有幾公里，世上天主教至重要教堂之一、寬宏高廣聖地牙哥大教堂在望，連爬山遠足鞋的重量也不想再負擔，一不做二不休將之脫下連背囊也留在路上，只餘護身衣服、一雙拖鞋與證件並小小錢包，兩手空空走完最後坦蕩蕩一個多小時路程。

來到教堂，望着聖雅各石像與十字架上耶穌；猶如絕大部分聖徒毅行者，莫

朝聖之路終結，聖地牙哥大教堂朝聖人之墓，也是聖潔慈顏。

論宗教背景，絕少不落淚跪下。

那一刻，恨不得將身上所有物事全數裸退，還自己乾乾淨淨本來無一物的本質。肉體並精神極難得暫時解脫，得着沉澱，原應一路行來本意，行至水窮處，如非至基本，縱使多餘的一件衣物也想扔棄。這旅程走來讓你看清浮生繁花若夢，再回頭：人、物、事，未必與上路之前同樣，孰捨孰留悉隨尊便。深刻感受者：捨、留，何用相干？

籌備四個多月，來到兩星期前，心情難免忐忑，事與物還是其次，難捨還是「人」！

離出門只餘幾天，心至繫者亦已漸次清明通透，漸覺全心上路本意學習捨棄，裸退所繫至重要，怎會是首飾、衣服、鞋襪、背囊？

心靈洗滌、精神沉澱、肉體考驗，三道門；一進一進邁過，回頭見山是山，還是見山不是山自有分曉。

葡萄牙北部重要城市砵圖（Porto）美麗不凡，一見難忘。

DOURO
PANASC
DOURO
PORTO OFFLEY

第一眼愛上砵圖

Porto，古老歲月舊譯名不得而知，現在普遍稱為「波圖」。

當地出產葡萄牙國酒：砵酒，既然港澳兩地一直沿用稱呼，何不譯作「砵圖」？地方與產品同名都叫Porto，因酒馳名，飲過，喜歡上了，也一併記住這個地方的名字。

愛上砵圖，幾乎第一眼。

首次向當地人問路即被友善、真誠對待，帶至前往目的地地鐵列車，還匆匆將他們身上的地圖點出幾個吃喝散步好地方交到手上，叮囑好幾句始散。

對一個地方至佳推廣，莫若如此，不用多少個A的廣告公司商量大計；人與人情，一個地方至吸引的風景。

從西班牙聖地牙哥乘價錢公道且十分舒適大型巴士南下，經邊界山海之城

Vigo進入葡萄牙，全程三個多小時即達位於北部、杜羅河近出海處——葡國第二大城市砵圖。

出地鐵Sao Bento站，即被隨山形地貌、自然建造的街道鎖緊，一些winding到丘陵頂處猶似直奔天際。放眼望去一座一座外表澳門大三巴似的教堂，不少還有精彩青磁鑲嵌裝飾的外牆，比較曾被地震摧毀之後重建的首都里斯本，這裏的古樸更完整，更吸引。

杜羅河（Rio Douro）谷盛產葡萄，釀成砵酒，以特別設計運輸船沿河送到今天砵圖，打造了這個城市。曾幾何時歐洲至西，面朝大西洋稱霸伊比利亞半島西側的小國抱擁殖民地遍佈非洲、中南美、南亞、東南亞、遠東，數百年前因葡萄牙傳教士從澳門出發到東瀛，教化日本人得以信奉天主教。以當年種植在泥土的出品與殖民地得來的富裕，建立不單止古色古香外表，還有深層氣質美不勝收的山城。

說砵圖有多吸引？猶如說耶路撒冷、京都、翡冷翠並錫因納、檳城，都是第一眼，便愛上了，此後不離不棄成為再回頭的思念。

ALMAS CHAGAS

砵圖遇上舊港澳

走在一見鍾情老城砵圖，猶如置身澳門老街、圖案整齊小石砌路上，雖然已走完「聖雅各之路」，每天散六個小時步仍不累，遇上好景致，心花怒放盡在不言。

隨國際風向，超級市場之勢不可擋；然而這裏還有不少過百年優質辦館，看來不大卻幽深的店子將馬介休魚乾、各式果仁、乾果、朱古力、糖果、香料、陳醋、酒類、西葡兩國黑毛豬火腿……按顏色、圖案，擺設出平常可喜的風景。今天在澳門還可以找到，那些年，元朗大馬路有辦館名「美亞」（今天太子珠寶），「漢生」（名字不肯定，存在漢字是一定的，今天可能是周生生，反正都是金舖……），童年的我老發白日夢：如果阿爺生意是開設這種國際物品辦館，該是何等開懷的光景？

旅遊為了懷舊？筆者絕對箇中骨灰粉絲！

尤其懷遠去殖民地骨子裏細節的舊，沒半點羞愧；弄到自己土地成為殖民地

以葡萄牙特色、青瓷蓋建，砵圖不少教堂都有這項特色。

並非我們蟻民的錯，要怪便怪歷史，咱中國的崩潰敗壞。

之前感受並未重壓若此，曾幾何時，自遊遍佈大江南北所有省份自治區，自負「我是中國人」！

表面經濟數字蓬勃的港澳，連年失收是人心，老日子尤其父輩雖然生活困難，卻從未人心惶惶，總有明天來盼望。今天，背負世上經濟前茅，多少人活着如熱鍋上螞蟻，過一日算一日氣氛在我們中間蔓延，誰也說不出暗地裏這種煎熬的揪心何時得止？

人在砵圖，在比我們祖上三代都老、依山建築彎彎老路上遊走，綿綿不盡老日子的溫馨浪漫密密打招呼；那天黃昏，站在杜羅河上 Dom Luis 百年老鐵橋上，群鷗並白鴿日落間飛翔，切切實實思念老日子裏的澳門與香港，眼眶、面頰濕了。

砵圖有不少百年老舖、真正「洋」貨辦館，叫人懷老香港與澳門的舊。

PAUPERIO
Paupério
Old Parr
J&B
TAYLOR'S 20
TAYLOR'S 10
NOVAL
Antiquissima
C.R.F.

舊時痕跡

雖然歐洲不少國家經濟不景，遊覽卻如此享受，不單止環境優質、文化歷史獲高度尊重及保護，更有很多不經意，偶爾流露的温馨細節。用禮物紙包裹貨物，再用棉綫細緻綁好，一種古老時光的痕跡，竟貼地存在於不少城市之中。葡萄牙砵圖，整個外貌像回到一百至四百年之間的漂亮不凡城市，猶如九十年代之前的澳門，當然真實面貌與馬交（澳門 Macau 譯名）有所不同，然氣質形似神似。

那天途經舊式辦館，擺賣各式洋酒、香料、火腿、大塊馬介休鹹魚乾、優質果仁、朱古力……琳琅滿目，猶似回到舊時，澳門好像還有一兩家（香港已經沒有）。入內閒購，終買半公斤從未看過，深栗色、略小、帶濕的無花果（非常美味、嚼勁一流），還有一小包腰果和幾塊朱古力合桃。

售貨小姐，熟手將無花果裝入乾淨白色紙袋，輕輕摺疊，啊！就似童年藥材舖包藥手勢，末了，還用棉綫細細綁好。拿回去，欣賞一遍又一遍，捨不得打開，就像打開後老好事物就此離散。

人到馬德里，放棄大街 Gran Via，走進靠近老城中心 Plaza Mayor，進入古老建築物，見玻璃櫥窗背面各式糕點精采吸引，可能行走「聖雅各之路」餓慌了，見到自己已戒掉的甜食，不住流口水，終忍不住買了海鹽及 Truffle 朱古力。同樣用漂亮紙張包好，用棉綫綁好，看在眼裏，真歡喜！

遠在他鄉小故事

在歐洲一個多月了，除開始時倫敦短留，法國西南部波爾多一天，全程包括西班牙及葡萄牙。

在遊客眾多、市面興旺的地中海馬若卡（Mallorca，ll在西班牙文讀「若」，而非l的「諾」）重鎮帕爾馬（Palma）我會明白，但北部安靜皇后橋鎮（Puente la Reina）及星星鎮（Estella），那麼偏遠而安靜的地方，仍可找到華人開店做生意，真正佩服。

到達皇后橋鎮時，已在路上幾天，行走「聖雅各之路」需要些甚麼裝備更清楚，着實無需那麼多！

在倫敦發現自己的背囊大小與隨行物品似不合適，已立即重新購買較小的新背囊，亦將好些衣服雜物抽出，託朋友帶回港去。到了法國，開始起步上山，又將一部分乾淨衣物抽出留在旅舍，讓有所需要的人撿去 。人到皇后橋鎮，不少行者旅舍都準備了毛氈，就是沒有毛氈設施，穿好和暖衣服加雨衣便足夠，索性連

萍水相逢沿途都是朋友。

睡袋也寄回家去，免背囊過重，辛苦肩腰。

碰上星期天，餐廳酒吧之外全鎮關門，除了唯一一家中國人開的文具用品雜物店。老闆陳先生來自福建，見同胞多聊幾句，提醒：明天五一勞動節，次天如何寄包裹？回到旅館，問過門衛，說好五一早上交他處理。誰知次天出門時間到了，仍未見人。硬着頭皮找陳先生央求幫忙……咱中國人，沒問題！就這樣放下包裹與悉數歐元便起步。離開前，大家交換了微信資料，他寄好後，發來訊息通知，讓我安心。

五一同一天到達星星鎮，唯一開門營業，還是中國人開設的超級市場。老闆來自浙江青田，聊起買哪隻酒好，他說產酒區 Rioja 良好，但 Salamanca 更好。買了三支回旅舍與萍水相逢行者們唱歌飲酒，老闆送我麵包、糕點，想推拒，他說：這裏沒幾個同鄉，大家中國人遇上就是親人囉！在馬若卡首府帕爾馬，朋友們先我到，偶然在 Oliva 市場認識來自廣州的店員……連名字都未記好，卻受人恩惠，被請喝酒。遊山玩水完畢，他們先回港，我留後多住幾天，也順便找找這位來自廣州的店員，代他們打招呼。

走遍市場幾轉，連個黃皮膚都找不到，結果隨便吃了 Tapas 作罷。轉個彎才發現舊城至著名市場分果肉及海鮮兩部分，自己一直只是在果肉那邊轉，不經意走進海鮮部，遠遠看到黃皮膚開的壽司店。走近，對面有更大馬若卡道地海鮮熟食店，確實有位英俊華人店員在服務。上前打個招呼，堅哥記得我朋友的名字，立刻請我飲完啤酒又白酒，聊天得知他原來是花都人，居此十多年，九歲的兒子、五歲的女兒都是馬若卡出生。再下來，食物也拒收費用，全請！發現堅哥沒像其他員工穿制服，原來他是老闆；不單止，對面的壽司店亦為其擁有。

以上三則小小故事，三個老闆，全部年輕力壯三十多歲，個個勤奮沉實，就是歷史上華僑的典型，幸會。謝謝！

Coca-Cola
zero
237ml
Coca-Cola

堅哥道地 Tapas

看來頂多三十出頭的堅哥，把酒交談，語言氣質與今時今日出外旅遊掃貨內地客，完全兩碼子事；感覺就是數十年前在歐洲扎根的香港華僑；誠懇、簡樸、豪爽。

那些年，歐洲華僑以新界鄉下人背景居多。

同伴先到帕爾馬（Palma），幾天後接我，直奔陽光海灘東北角波倫卡（Pollenca，五月中旬還有點冷，尤其海水）。

自己留後本想尋靚水到鄰島 Menorca，同伴早着籌謀，帶往一般遊客少到 Es Calo des Moro 海灘，看過人間少見的湛藍，於願足；再探幾個古鎮？夠，看多，還不是教堂、教堂、教堂，會得滯銷。決定留在帕爾馬，每天如非沿海急行散步舒展，便是自動迷失在高低彎曲寬窄有致長街或短巷。

西班牙曾經清貧過，金融海嘯後更慘，冇運行了十多年，至近期經濟才漸好

馬若卡帕爾馬市場碰到「遠在他鄉的故事」原形人物堅哥。

轉，失業率仍超過百分之三十；卻無損市容亮麗莊重，曾經海上帝國的威儀，怎止有跡可尋？簡直叫世上貴得離譜名列前茅之一的香港汗顏，其他不說，單單植樹與乾淨兩項，政府花納稅人血汗金錢、市民受罪。

同伴告知市內果菜魚肉奧利弗市場 Mercat de l' Olivar，其一熟食檔有來自廣州同胞店員，曾因同聲同氣請他們喝酒云云……如若沒事做，可打個招呼。

獨自三個晚上，再豐富的帕爾馬（人口比天水圍低），能看能走到了盡頭，一人難吃喝，悶得杓起心肝到市場尋找堅哥。幾經周折，在果菜肉部分尋極不見，午後兩點半市場關門前在海鮮部尋得。並非來自廣州市內，乃新白雲機場花都，直問可是客家人？

是客家人。來了十五年，表哥先頭部隊，引領同鄉。誰說人家是店員？老闆不單止，背後寬敞壽司店，也是市場內的首家，好幾年前由他開設。雖云檔口，寬敞舒適，賣的不是炸雲吞咕嚕肉揚州炒飯，而是至道地小吃，傳統 Tapas，他自己不煮，尊重人家食德，僱用當地人掌廚，讓大家得吃道地 Tapas，當地人、遊客都歡迎。閒談間不時有西班牙熟客上來打招呼，擁抱，送上小吃。堅哥在此生兒育女，深愛本地人熱情，社會氣氛自由，以此為家。

平和勤懇，就是老派華僑傳承，堅哥、乾杯！

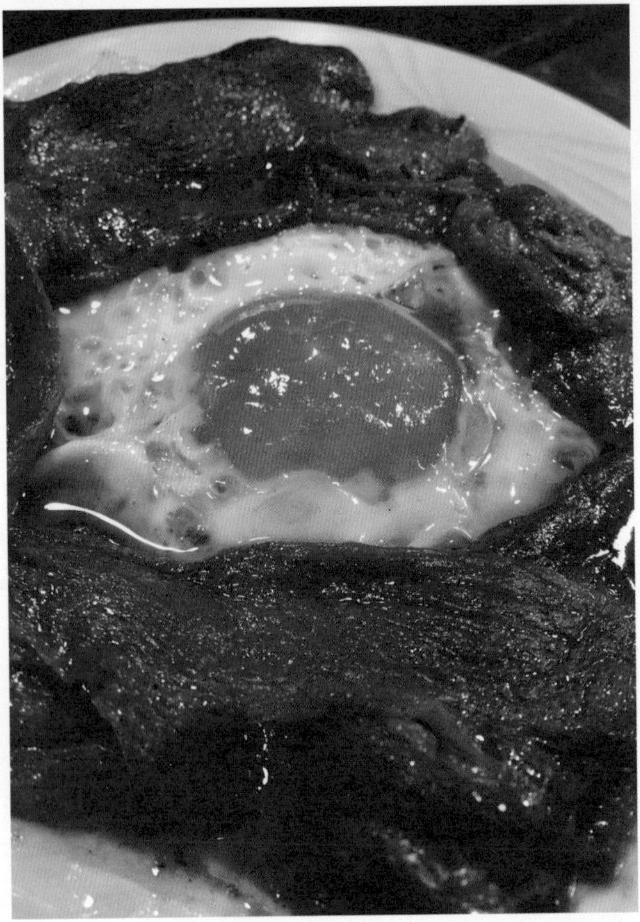

單身狗的晚餐

網上讀得出自台灣《單身狗》（*Damn Single*）幽默細語：

和某些人接觸的時間愈長，愈喜歡狗，狗永遠是狗，但人有時候不是人。

公主語錄常說：要好好愛自己。

沒錯，因為真的沒人愛你啊！

沒有公主命，就別公主病！

愛情這東西，兩個人喝是甘露，三個人喝是酸醋，隨便喝喝會中毒。

允許你走進我的世界，但不許你在我的世界走來走去！

《單身狗》語錄簡單易明，不少朋友隨時幾十招侍候；只是沒幾個會花時間

尋常輕食：燴蕃茄煎蛋。

寫下來，又未必寫得如此簡潔、幽默、博得會心微笑。

星星引路行完，會合同伴前往馬若卡島。

預計走路的時間比自己實質能力與前行速度未免太短太快，花去一筆改機票縮短歸程的費用，自己一人無目的地遊蕩十二天始回家，回復過去只知去程與回程，中間無實質計劃，既來之則安之的旅遊方式，重做真正單身狗。

馬若卡不單止地中海某個陽光與海灘海島，歷史文化與自然特色豐富多采，決定留下來，之後南飛安達盧西亞（Andalusia）的西維爾（Seville）。年前來時拍下照片不小心按錯鍵，全數消滅；飛一轉補拍。雖則心境不與那年同。

一個人的行旅至愁獨自吃飯，尤其晚餐。

每日正常餐單，一般酒店提供就不美輪美奐，也豐富健康，儘管多吃喝點，還留下水果焓蛋若干。白天觀光，咖啡點心也是有的，就不多吃。晚上回到住處，將早餐剩餘物資消化便算一餐，旅行完了，瘦上三、五公斤，平常事。

一個人不喝酒，喝不下酒；勉強扮悠閒喝丁點，完全不是那回事，反覺不自然。這時刻羨慕那些獨自出門，每頓飯吃足美食雙人份、好酒三人份的真正「食」家，單身狗格式白白浪費旅程與異國美食風情。

美味美麗 Tapas

Tapas Tapas Tapas・西班牙點心 Tapas ー

從法國西南邊城山區小鎮 Saint Jean Pied de Port 出發的「聖雅各朝聖之路」，被稱為法國路綫（其他還有西班牙及葡萄牙路綫），沿途所走皆為西班牙雨水充沛的北部，優質農作物多元化，大西洋與地中海之間，來自海洋的食材更是多姿多采，作為世上米芝蓮餐廳最多的其中一個國家，大部分獲殊榮餐廳都位於佔地運優勢的北部。

旅行方式愛獨自一人，不與人同行。一個人的行旅撩不起食慾，最終隨便餬口便算。但是人在西班牙北部，又怎能隨便放過當地特色美食？就算不吃正餐，也難忍新派 Tapas 的色、香、味引誘。

奶油慕絲下面是嫩滑銀雪魚、炸天使麵綫包着大蝦、蜜糖鎮山羊芝士、鵝肝配甜醃菜；還有火腿、燒肉、馬介休魚絲等等眾多內容的馬鈴薯泥球……

那天途經大鎮 Burgos，原想喝一杯「傑撻撻」西班牙熱朱古力，卻被吧枱前滿布吸引力萬鈞的 Tapas 咬着不放，一而再再而三吃了三件，連鮮榨橙汁、熱朱古力，盛惠九點八歐元，未足一百港元，比香港茶餐廳收費還要便宜，是真真正正的平、靚、正。身處價廉物美的西班牙，想想真想留下來；好酒美食，人生幾何？

番茄脆多

西班牙小吃 Tapas 種類繁多，伊比利亞半島不算大，西班牙佔去百分之七十五以上，餘下為葡萄牙。

與法國交界比利牛斯山向南至北非對面、直布羅陀海峽，北面、西面（除葡萄牙邊界）大西洋，東南面地中海，北面濕潤，南面乾爽，有長年積雪高山，也有乾旱半沙漠地下淙淙流水，海產、農作物、畜牧業應有盡有，不同地域生產不同食材，做出不同種類的 Tapas。然而其中有幾樣，肯定全國相同。

食材原產並非西班牙，也非舊世界，而是西班牙（或葡萄牙）從美洲前殖民地帶回來甚至繁殖的蕃茄、馬鈴薯、辣椒、甜椒、粟米、蕃薯……製作特濃朱古力的可可不可能在歐洲種植，首個舊世界民族享用如此妙品，西班牙人飲用極濃、極稠的方法，別處所無。

薯仔吃法千變萬化，西班牙奄列以蛋漿混薯仔粒煎香而成；五顏六色、大大小小的甜椒醃製或煎香，配襯其他魚、肉、蛋；小青椒油炸或煎香加入粗鹽……以上各種皆為全民喜愛的 Tapas。不過至普遍、若問至深得人心，非番茄脆多莫屬！

以番茄蓉置薄脆多士上，百發百中，人見人愛。最近在銅鑼灣 el Born 吃到優質產品，再拒吃澱粉質，也難禁歡快吃下三塊。

可惜叮熱了

從來習慣一人旅行。可不習慣一人到餐廳吃飯，尤其美食、好東西，抗拒孤燈獨影一人獨食。

寧選魚肉菜市場附屬的熟食中心，品種多樣化，琳琅滿目；更可選擇匆匆地吃或悠閒地吃。

酒店自助早餐至重要，不是甚麼美食，首重健康、給力。其他食品不會太吸引，不論中飯或晚餐，走過歐洲至普遍的露天咖啡座或餐廳，都吸引不了

Tapas 種類繁多，左為蕃茄脆多。

坐下來。

對吃，並不隨便，比較揀擇。唯獨抗拒不了西班牙Tapas，尤其新派設計，色、香、味俱備，引人入勝。

可惜也有未臻完美時：不少Tapas的底部為法式長條麵包塊，塊塊碳水化合物，避吃澱粉質，大忌。

其次，不少用上微波爐叮熱！

家中老早棄用微波爐，叮完的食物表面無煙無氣，內則過分灼熱，咬下去，不少人因此燙傷舌頭、嘴唇、上顎，此乃非正常的熱。被叮過的食物冷卻下來都會迅速變成硬塊，讓你感覺食物已變質，多吃無益。

一片紫雲

那年從埃及開羅機場出來，停車廣場一片紫色，濃密不俗艷。要數滿樹皆花近乎壓迫感的花勢：首選櫻花，其次鳳凰木，這片紫雲肯定排第三位。雖不屬花而是葉，但對比加拿大東面、美國東岸維蒙特、新英格蘭諸州深秋楓葉紅透的震撼，不相伯仲。

藍花楹（Jacaranda），是後來閱讀肯尼亞旅遊書籍，得知這片紫雲的名稱。除了埃及，非洲東岸好幾個國家都種滿藍花楹，滿蓋情況起碼成為當地旅遊介紹的一個顯眼景色。跟鳳凰木相同，也是舊時殖民宗主國帶來的福利，藍花楹與這時香港花季大概已開過，學名 Delonix Regia 的鳳凰木，源自南美洲，與辣椒、薯仔、可可、番茄、番薯、芋頭、冬瓜、南瓜等等輾轉從新世界移植到舊世界。

行完「聖雅各之路」，去了一轉讓人思念的葡萄牙砵圖，馬德里之後也飛了一轉名字聽多了，卻百聞不如一見的馬若卡。甫到埗，即發現處處植滿剛剛花季藍花楹，抬頭皆紫雲，吸睛指數極高。之後飛西班牙南部西維爾，許是濕度低，陽光充沛，這裏的藍花楹開得更豐碩、更燦爛，抬頭滿樹紫雲，心花怒放！

Jerez 初夏藍花楹處處，一片紫雲。

又到蜜桃成熟時

四月底開始行「聖雅各之路」，至五月中抵達西班牙西北靠近大西洋聖地牙哥，沿途除少數幾天中午前後陽光普照，溫暖得叫人想脫掉衣服外；其餘時間絕大部分寒涼，比利牛斯山上、山腰還飄雪，甚至下大雪。

聖地牙哥之後南下葡萄牙北部數百年來砵酒產地的砵圖，面朝大海，大西洋海風寒氣逼人……朝東飛，意想不到，地中海馬若卡島雖然早晚清涼，海水溫度攝氏十二至十六度，不宜下水；但水果攤上已出現各式蜜桃，我至愛的扁桃。遊農產品豐盛綠色山谷Soller，市場發售不少桃、李，註明當地樹上熟，證明陽光夠猛，縱使氣溫低一點，初夏蜜桃一樣成熟。那天買足價錢公道幾種桃李幾大包，幾人大嚼，香氣與甜蜜果汁四濺，heaven！

南歐，尤其地中海周邊仲春之後太陽日照漸長，夏日幾乎無雨水而需靠地下水提供養份，更有益花木果物生長。先桃李、枇杷、櫻桃、草莓，爾後香橙，到盛夏的香瓜、蜜瓜、西瓜、無花果、葡萄……愛吃水果者大快朵頤，寧作地中海人！

扁桃肉軟，汁多，甜如蜜。

西班牙國食

餐餐白蘆筍

原來懂得白蘆筍的香港人沒有想像中那麼多！將照片放上臉書，問這是甚麼的人十之有七、八。調轉，我認識蘆筍先從白色開始，那時在德國公幹，客人接待宴請，時為當造的四月底、五月初。

也是四月底、五月初，從法國 Saint Jean Pied de Port 一直往上爬過山頂仍積雪和在下雪的比利牛斯山，以頗急速度用三天行至皇后橋（Puente la Reina），左腳姆趾趾甲下冒紫瘀，決定稍停一天療傷。運氣好，次天大雨滂沱，乘機在方圓不大、歷史沉澱極深且非常漂亮城鎮，好好散步觀光一番。

住聖徒宿舍，一般跟數十人共睡碌架床大房間，既沒有私人空間，也需要承受晚上此起彼落的鼻鼾聲，難得小逗留，尋得廣場旁酒吧餐廳附屬小旅館，一日三餐全在 Plaza Bar 搞掂；映入眼簾的第一樣，大碟內七、八根肥美雪白的灼熟蘆筍。每到這個時節，香港一些酒店和餐廳也會推出舶來白蘆筍以廣招徠，價錢嘛？當然不可能便宜。這裏一整碟灼熟白蘆筍，鹽、醋、橄欖油隨己意，以至簡約原味的方式品嘗，是最正宗吃法。

那些年，年年春天前往德國的法蘭克福參加布料展 Interstoff，心之所繫，工作之外，便是自己在皇后橋鎮兩夜一天，吃了四頓白蘆筍，大樂！

春來夏末之際，白蘆筍上場，西班牙北部供貨充足，在下每天享受起碼兩盤。

識食豬耳朵

看一個民族的飲食文化高低，不全在大魚大肉的宴會大菜，從民間習慣，普通細節可見端倪。現代中國人不珍惜一回事，能搞出炸豬大腸、豬粉腸粥的民族食文化之高毋庸置疑。滷水豬耳朵、豬面包、豬鼻、豉椒鳳爪、醬油鴨舌、冬菇鵝掌，都是我們的驕傲。

懂得吃豬耳朵的民族，飲食文化不會低。

那天途經西班牙北部城市 Logrono，住在英國大半生的老友 Conchita 回去產酒名區 Rioja 探望母親。我們久未聚首，無論如何都要我逗留起碼兩天，從中感受當地人的平常生活。早餐不算挺特別，牛奶咖啡、牛角包或麵包多士之外，還有各式外實淨內柔軟的西班牙奄列 Tortilla。見吧枱上一籃明顯被炸得通透的花腩肉，另有一盤啡啡黑黑物事……雖非無肉不歡，能在早餐看到攤放桌上大盤肉類，想本地人一定甚喜歡，貪新鮮我也點來看看。

五花腩大家都明，另外一盤呢？朋友一見，嘩的一聲：從小至怕吃任何動物的內臟，包括西班牙人愛吃的豬耳朵！

明白，是酥炸豬耳。吃來其實頗美味，炸五花腩有點硬，不過與醃蒜頭及牛油一起吃，另有一番滋味。

星期天黃昏，男女老少人人走出家門，到廣場、餐館酒吧或咖啡街吹吹風，隨飲料奉送多款Tapas，一眼看出其中一味燴豬耳朵，立即點來試試，橙色椒油調校，炆得腍軟，還夾着軟骨，非常美味，實為是次行程一大發現。

西班牙奄列

香港人愛吃滑蛋奄列（Omelette），是否西班牙原創？大概未必，從原名看來，更似法文。

煎蛋而已，哪個民族不曉得？香港人至愛叉燒炒蛋與滑蛋蝦仁。湖南菜以辣椒做外婆荷包蛋，幾乎是湘工們天天的午飯，全中國大城小鄉何曾欠缺番茄炒蛋？

為甚麼取名西班牙奄列？來到西班牙，任何酒吧餐廳都少不得了幾款奄列Tapas，種類繁多：薯仔、菠菜、蘑菇、野菌、蝦仁、墨魚、番茄……全部乾身，大概與別國煎蛋的至大分別。乾身之外，厚三至四厘米，直徑二十五至三十厘米的圓形，像生日蛋糕般切開，一片一片未全打開的扇形，擺設吧枱上，好不

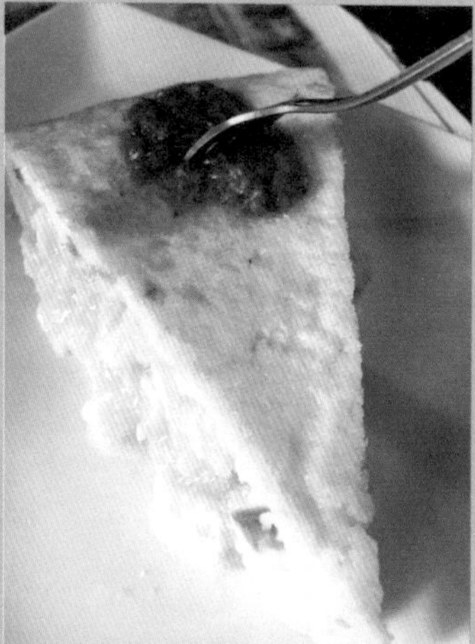

雞蛋加馬鈴薯煎成西班牙人從早餐吃到晚上的西班牙奄列。

吸引，見着想吃。

走遍天下，就西班牙人如此料理，怎不配稱呼為西班牙奄列？行路三十天，幾乎天天吃，中午不吃也晚上吃。猶如平日在家，減吃澱粉質並糖份食物，不大吃肉的我是個蛋癡，自小日日無蛋不歡，讓家務助理姐姐準備多種菜蔬：金菇、雞髀菇、菠菜、椰菜、甜椒、指天椒等切細段，不落油，以易潔鑊煎香，三隻雞蛋拌勻倒入，時間不能太長，蛋怕煎老，待蛋漿結成餅狀，便是幾乎在家每晚的晚餐，健康不肥兼飽肚，吃之不厭。

傑朱古力 Churrus

香港老早已吃到小根西班牙油條 Churrus，週末閒逛南丫島，也隨便找到；然而香、滑、不太甜、非常濃稠而傑的熱朱古力，相伴蟠龍鱔形狀的粗大油條卻不易，本地根本未見過！

西班牙特色、傑熱朱古力在一些店子還算不錯，中環歷山大廈 8 1/2 Bombana 酒吧出品，至上次光顧為止，還是至佳。

傑朱古力襯 Churrus 絕對西班牙其中一款國食。那些年在南部格林納達過

以極濃稠朱古力伴西班牙油條 Churrus，也是西班牙人從早餐吃到下午茶的熱門小吃。

夏天，早晨就在村口露天檔攤站着吃，亦會駕車到附近鄉鎮中心的店子坐下來輕鬆地吃。基本上全日供應，早餐比較受歡迎。

這類 Churrus 店子全國開遍，鄰國葡萄牙亦同。用油條浸入既香濃又綿滑的朱古力中，然後用手指拈着朱古力油條放入口腔，那種熱烈而溫柔的混合衝擊，充滿活力四射的西班牙特色，一試難忘！

也有人問，既然跟我們的油炸鬼那麼貼近，何用西班牙做法？

事實並不全部相同，食材麵粉不一樣，雖油炸西班牙出品卻乾身，拿上手吃入口並不油膩，與朱古力合併不會相互排擠，猶如我們的正宗油條與各式粥品或豆漿完全合拍，同一道理。

甜味蝦仔

人在西班牙，並非豬牛羊粉絲，人人追逐的黑毛豬火腿，適可而止，兩塊起、三塊止。夾在地中海與大西洋中間西班牙，當然海鮮勝地。

好幾年前西班牙南部比較乾燥地區 Andalusia 首府西維爾，雪藏與物流做得好，餐廳海鮮吧枱，隔着玻璃得見魚蝦鮮美不凡；不理價格，吃完地中海紅蝦再吃粉紅蝦，口福一流。雖說「聖雅各之路」有點辛苦，晚上停步休息也不放過覓食，Pamplona、Estella、Burgos、Leon 及終點聖地牙哥都可以吃到烹調不錯的海鮮，然而再嘗當年安達盧西亞的相等素質靚蝦卻失落了，就是馬德里名店 Taberna Laredo，一客四隻紅蝦盛惠五十歐元，蝦身不大，肉質不爽，紅色不深，幾乎完全另一回事！

反而另一個黃昏在老城區 Plaza Mayor，隨便走進一家 Tapas Bar 歡樂時光，叫來一盤長度不到五厘米蝦仔，入口鮮甜，肉質清爽，價錢不貴，吃得久久難以忘懷！

在法國吃海鮮亦一樣，海鮮盤上，看來是魚毛蝦毛，卻鮮甜好吃令大家鼓

巨大地中海紅蝦，知情者必吃蝦羔。

掌歡呼。

在西班牙來一頓火鍋

西班牙北部、葡萄牙西北一路走來吃到平、靚、正的機會達百分之九十。

一應食、住，至貴是馬德里，還會吃到難吃的；另加菲律賓外勞多，餐廳服務沒半點（甚至四分一點）笑容。聽普遍意見，香港外傭當中，煮得至難吃的還是菲傭；比西、葡其他地方消費起碼貴上兩倍甚至三倍的西國首都，瞄到不少廚師皆菲籍，不禁兀突。

好友從倫敦飛來會合，聊了幾天，明言大家都是飲和食德追隨者，縱使價高亦不減逛街覓食興致。

那夜大家不想碰油膩性的西班牙食制，住處離皇宮不遠的西班牙廣場，對

面是唐人、越人、韓人的餐廳薈萃處。白天途經看到一家唐人菜館，少有的乾淨利索、窗明几淨，明顯設計經過深思熟慮。平常出門，除非一些無啖好食地區，不然極少碰唐餐。無奈二人都想吃多點青菜，抱着嘗試心情即管試試……

未加酒水二十歐元不到的消費，一人一小鍋，湯底沒味精怎可能，然而吃下去熬湯有豬骨香，也不見渴得喉嚨痛裂。蝦的素質不低，其他如豆腐幾樣，五、七種青菜皆鮮明可喜，意想不到的驚喜。年輕貌端正女部長來自福建莆田，美少女侍應來自羅馬尼亞（透過歐盟湧入的勞工不少羅馬尼亞人，支持脫歐的英國人有這方面憂慮。貧窮久了，盜賊如毛，一百個移民夾雜一個不良份子，足夠承受國煩（不勝煩），他們的優質服務，一般比菲籍服務員工勝十倍。

西班牙菜吃多了，馬德里吃到品質頗佳中式火鍋，開心不已。

P
Futbol

哥都華盛宴

全沒準備，無論心理上還是實際上，沒準備下從北非摩洛哥 Asilah 來到安達盧西亞三大重鎮：西維爾、格林納達（Granada），及之後的哥都華（Córdoba）。

多年過去，西維爾、格蘭納達往來不少次，火車途經哥都華也無數次，曾誤會它只是另一充滿北非摩爾人風情的城市……終於到來，不禁讚嘆太漂亮，早應認識；與西維爾及格蘭納達並不一樣，各有各的風騷！

憑感覺離開非洲，直奔哥都華，星期五晚漸入黑夜、九時許到站，按 Google 指示尋找大教堂、老區一般環繞的中心，從來只愛居停在老城區。

結果……晚上十一時仍一無所獲，所有便宜旅館、貴價酒店全部住滿，直至其中一位當值經理見我夠極，親手搖電話給同行才掙得一個房間，雖然價貴，能有住處不用去伯利恒住馬槽已感恩不盡。

難得盛裝女士不嫌棄我的 T-shirt 短褲與我合照。

順帶一問：何事房間那麼爆滿？對方用奇怪眼神問我，四目交投：吓，你不知道？那為何這個星期來哥都華？

Feria de Córdoba，此間一年一度至盛大嘉年華，吃、喝、玩、樂、佛朗明哥舞蹈、馬術表演、盛裝打扮的女士……看之不盡，熱情洋溢不盡！

太幸運，一無所知，在新月初現，回教齋戒月（Ramadan）開始，碰上嘉年華最後兩天，亦即高潮時期，無端參與其中，興奮難言！

不論遠近或來自本地的女性，都盡力以傳統佛朗明哥緊身魚尾裙子現身，艷麗性感，目不暇給。拿着手機不斷拍攝靚人靚衫留作紀念，一班姐姐見我不容置疑的投入程度及臉上毛遂自薦的笑意，邀請同往她們的派對。

幾條臨時搭建的寬敞街道，兩旁搭起多個可容納起碼二百人的大型帳篷，吃的、喝的、流行Disco音樂的、爵士樂的、美國西部牛仔的、墨西哥的、道地佛朗明哥的；聽着各適其適音樂，大家一條心，就為幾夜狂歡，選擇自己喜歡的音樂歡快跳舞，跳個通宵達旦。

從來愛跳舞，遇上姐姐們領入的空間全為佛朗明哥音樂，雙腳難忍舞癮，立即落場就不曉跳也跳，大家都樂意教我幾招，瞬間發功，讓我加入跳足一個晚上，歡快燦爛隨魚尾裙子擺動。

跳至天際魚肚白，太陽出來前始散。

抱擁如此傳統氣氛的盛會，哥都華之外，世上所餘無幾！

西班牙如果沒有波點裙？

歌舞與美女連場，盡情共舞，吃、喝！

全沒準備，來到哥都華。原應可以再早一個星期回家，但居住香港多年、二〇一六年回歸華倫西亞（Valencia）的朋友與我五月底原本有個約會。臨時家事來不了，回家機位難求。改不了只好按本來時間表。無所事事，既然已南飛安達盧西亞西維爾，便盡量往南走；摩洛哥 Asilah，海港 Cadiz，古城 Jerez……心念一轉，不如去一趟多年途經多次，卻未到過的哥都華？

作為一名時裝設計師，見街上千百人全數盛裝加傳統魚尾裙，猶如巨大衣服盛宴，怎不會歡欣若狂？

古都西維爾以佛朗明哥舞蹈及文化馳名。

哥都華，西班牙桂冠文化代表鬥牛的始創地。一四九二年，天主教勢力將回教摩爾人趕出伊比利亞半島回去北非，也將摩爾人的重臣猶太人趕走，除非改信天主教（傳聞意大利熱那亞人哥倫布原亦猶太人），大權在握女皇伊莎貝拉與哥倫布商討、尋找前往印度海航綫路談判中心，一度選址王城哥都華。

碰碰撞撞到來，酒店沒預訂，原本完全陌生的一方水土，一房難求，最終尋得房間之前，哈，已經熟悉了舊城的一半！

原不知曉一年一度為期一週盛況嘉

年華 Feria de Córdoba，難怪滿街盡見穿上波點魚尾佛朗明哥性感裙子女仕，從三歲到九十歲齊備，不少男人也湊熱鬧打扮成靚女。

很多很多年前，獲《新晚報》副刊主任劉致新邀請，加盟當年銷路頗佳、而今已絕跡的晚報。

初時構思圍繞筆者老本行、時裝人與事，首篇是以「舒服」為題，寫西班牙上世紀八十年代末走紅的設計師 Sybilla 及西班牙傳統服裝比歐洲其他國家民族優秀。

舉世無雙幾乎代表了西班牙國服的波點魚尾裙，風情萬種，吸引無限；如此一片流動的風景，不是文化，算啥？

旗袍紗麗和服波點裙

碰個正着哥都華一年一度盛大嘉年華 Feria de Córdoba，滿眼佛朗明哥魚尾裙子，以波點圖案居多，其他圖案也亮麗豐富，裁剪按身材流線型，集性感、艷麗於一身，廁身其間，完全感受一場服裝盛宴，感動不已流動的風景。

與其他國家略嫌拘謹的傳統服裝相比，西班牙佛朗明哥衣裳簡直風情萬種，吸睛指數爆燈，未曾切身體會，絕對感覺不來這份非凡魅力！

民族服裝不在博物館，不在老電影，不在老日子雜誌，仍然在生活中找到，尋遍世界，已然不多；每天作息出現至眾首推印度、孟加拉、斯里蘭卡等國國民樂此不疲看似披披搭搭、卻流行自亞歷山大大帝年代，色彩「姣屍扽篤」的紗麗。

回教國家婦女嚴守教規，都被包起來了，那道流動衣服風景與旁人劃清界線，與吸引指數產生頗寬距離。

不用說美國，今天普世流行全球一體化，男不男女不女都一體男性化以消閒運動裝為主的快餐衣着文化推廣開來，二十年前滿眼藏服的青藏高原也被同化，美國人便是始作俑者。可惜文化深厚、大部分歐洲國家民族服裝這回物事也無甚市場，德國南部、瑞士、奧地利仍見節日穿着阿爾卑斯山牧羊人服裝，雖則有趣既不感性，也不性感。

穿上 Flamingo 盛裝何止女生，不少男生也來湊熱鬧。

比較闊闊大大韓國服、華麗不凡和服與清晰見到着裝者身形線條動感與性感都豐富的旗袍仍然存在；還好，近年被重視程度似乎高漲起來，可惜在小圈子裏出現，例如婚禮、旗袍小會社。

十多年前遊京都，不時見到穿上綾羅綢緞圖案奇美和服，由頭到尾綺麗不尋常女性在清水坂擾擾攘攘。後來得知旅遊部門放蛇，製造地方色彩用以吸引遊客。這片苦心得回報，今天遊京都，不少男女遊客租上和服穿起逛街製作一片流動風景，可惜對和服文化與設計認識膚淺，商戶提供的圖案顏色大多似過去下女、低級青樓妓女！

西班牙人快樂香港呢？

朋友曾浩仁指正：西班牙失業率百分之三十。

但西班牙人快樂指數比不少富裕國家地區看來更高。

經歷佛朗高法西斯極權統治，多少人的父親、丈夫、兄弟被捕，一去不返；要埋怨大可像經歷「文革」中國人沒完沒了的控訴。

望一片簡約平和面容，想起廿年前，沒有今天世界各國遊客壓境，未被旅遊文化污染的柬埔寨，經歷殺戮戰場（Killing Fields）清洗，然而一張張無論城鄉，都是微笑臉孔；恩賜啊！這個民族，走過那麼淒慘的歷史，仍然真摯笑意盈盈。

並非路上碰到的每一個西班牙人都快樂，也會遇上黑冷板臉，然而普遍笑容可掬，有問必答縱使語言不通。

回望香港，難得百分之二十港人望上去快樂，對異邦陌生人微笑更加欠奉。問路

西班牙群眾波點熱情隨處可見。

港人，還算有禮貌，當然視而不見不顧而去西裝友、穿着校服學生失禮情況甚普遍。說我來自香港，途經鄉下的婆婆都知道，或以面容手語表示：香港，富裕地方！

多想回應：你們的笑容傳達更高快樂指數，錢買不到！

來港定居超過十年、室內設計師蕭先生，讀過小文〈望佢樣個心離一離〉以較客觀視野審視香港人：有自由沒民主；自由表達卻極端，沒有反對的判斷能力，甚麼都反！

香港人生活在一個甚麼都反的氣氛，少有正面，少聞悲憫，少見幽默，笑容欠奉；排在世上至富貴排行榜前幾多幾多名，只表示我們的房價暴漲無止境，空間比天堂更貴比地獄更慘，至低工資不斷提升卻看不見優質服務與態度，人們對政府的信心永遠低於合格，努力用盡所有理由藐視比他們較有成就的人，沒完沒了控訴社會對他們虧欠，對前途忐忑不安，憎人富貴嫌人貧，總之不滿一切。

如此氣氛，何來寬心？何來快樂？何來笑容？

中篇

謝謝您在世界的角落找到我

醫生無國界

伯父志偉、族叔顯裕，摯友高興基、黃惠康，都是醫生。

醫生與我有啥不同？

生病，他們醫我；我不能治他們。某程度上不同時段，他們成就了健康生活上的依賴。

年前醫管局找我義助設計領帶、頸巾紀念品，一口應允，感念摯友們，也向將治癒我災難不斷身體的一眾醫生致敬。

醫病之外，醫生就是醫生。

當然聽過、讀過「無國界醫生」，也曾在新城財經台「遊山玩水」節目裏，訪問曾服務過無國界組織的工程師。

陳梓欣在蘇丹、伊拉克及斯里蘭卡當過無國界醫生。

之後才認識陳梓欣。

閒聊非一般日本、韓國、台灣、泰國；香港人已經去得白熱化，閒過入元朗的旅遊目的地。真正無國界遊埠以外、遙遠國境南非、蘇丹、伊拉克……耳邊飄過，除了南非（首都約翰尼斯堡危險得很），為啥去蘇丹、伊拉克？

啊，南非是醫學院四年級實習的選擇；當大部分同學揀醫學先進國家：美國、英國、澳洲、加拿大、新加坡，甚至非英語國家如德、法、荷、比、北歐富裕諸國。當然南非醫學亦昌明，歷史上首個換心手術國；選擇並非都會、大城市的醫院，而是邊皮遙遠貧困鄉間……

何解？人手不足，站上崗位，必要時甚麼奇難雜症都需面對。出門之前未想過，醫科學生陳梓欣立即協助產婦剖腹產子。

高水平文明社會的醫學實習，奇難雜症不會落到還未畢業的年輕準醫生手上。偏僻遙遠鄉間，某些國度歷史上，曾出現過上山下鄉草鞋醫生。就是現今世代，當條件簡陋，只擁起碼醫學程度的準專才，也需硬挺面對。

南非實習並非首次離家，陳梓欣早在中學時期，已曾不止一次前往菲律賓當義工；不幸踏出約翰尼斯堡機場，即遭十多黑人推倒在地圍搶，幸運重要物件如護照、銀包、電腦被掩蔽好，被搶只是一包衣物。（倒楣鬼賊！）

經搶一役，換了其他人，遙遠陌生國度，除非鳥語花香碧波蕩漾度假勝地，敬謝不敏。

陳梓欣沒被嚇倒，執業後再而成就外科手術資格，合乎無國界醫生組織要求獨當一面專才，踏上艱辛服務第一程，前往南北為石油互戰不斷的蘇丹，體驗非洲大陸晚上冷得必須蓋被、白天一面做手術一面滴汗，平素無事只能待在無國界醫生營地，盡量（尤其單獨）不外出，過着近似修士的生活。

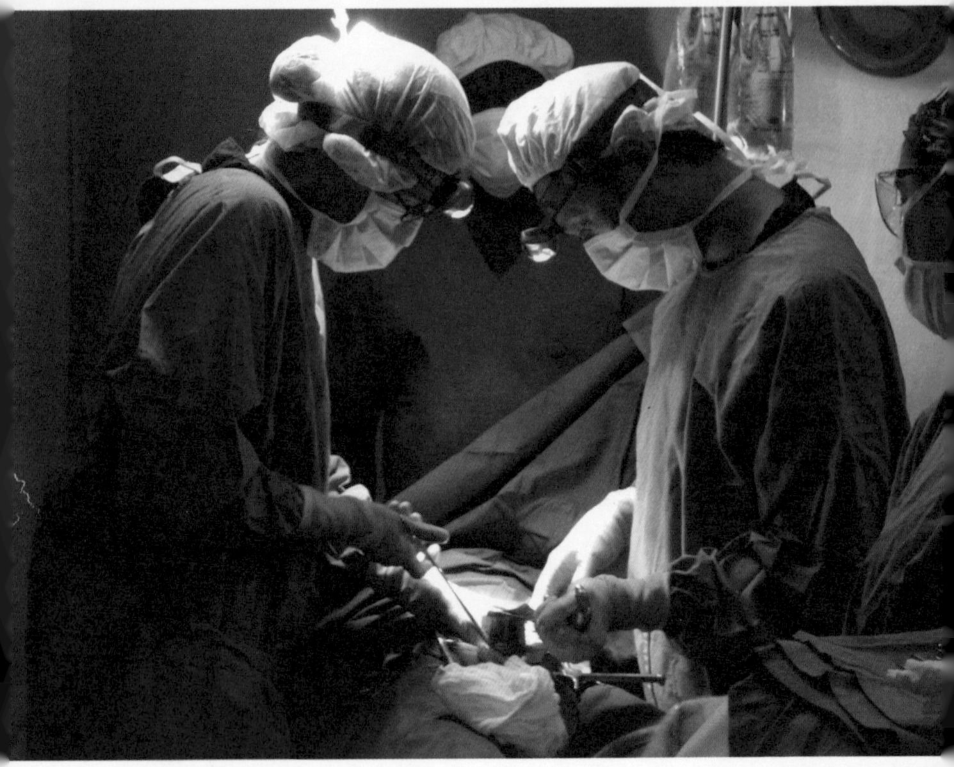

炮彈在頭上飛來飛去

陳梓欣曾往蘇丹、伊拉克及斯里蘭卡與「無國界醫生」並肩工作。不同地區、民族、政治及戰情給予不同經歷與感受。

斯里蘭卡北部政府軍與泰米爾之虎游擊隊對峙地區參加救援期間，要求很低，只想睡一回好夢。炮火子彈在頭上飛來飛去，爆炸聲音不斷，日間醫治病人與傷者已經忙得不可開交，晚上，至基本要求：一趟安靜沉睡，卻非常困難，最後調整心態，將炮彈當作炮竹煙花。

美不勝收印度洋無邊蔚藍海岸斯里蘭卡，何必以戰火蹂躪？陳梓欣暗問。

兩河中間美索不達米亞伊拉克，文明古國，本來國泰民安、文物豐盛，近年戰火紛飛，幾乎看不到停火跡象，全國國土在戰火中燃燒，國民、尤其兒童長期活在惶恐，相信陳醫生曾亦細思：如若和平，這個獨特國度提供的文化旅遊資源何等高水平？陳媽媽對於兒子從來獨立行事已然習慣，但當聽到「伊拉克」三個字，難免忐忑，老問：安全嗎？安全嗎？走上無國界醫生之路，雖云

在簡單的儀器下做手術是司空見慣，無怪無國界醫生需要有經驗的醫生。

大義普愛行頭，置自己安全在後，也需安撫家人至親感受。

不認識黑色非洲，肯定戴上有色眼鏡審視，就是認識非洲，對一些治安不靖、戰火不斷地區，難保不用步步為營。蘇丹期間，無國界醫生盡量留在營地，不鼓勵外援志願人士獨自離營，外出必需有人，甚至保安隨同。每三個月的服務期聽來不長，日以繼夜工作還好，總有稍微得閒百無聊賴，如何打發身處猶如集中營？必須調整心態，EQ 高度成熟才可獲致平衡。

回到香港，服務公立醫院外科崗位，未有創業計劃，陳梓欣理想：提早退休，重返無國界醫生救援工作……很偉大是不是？

他笑笑：「營外眾生，水深火熱一刻都難熬。營中日晨，血肉性命過一日艱鉅。我們一期九十天，服務三個月；當地人可能水深火熱一生一世永不超生！」陳梓欣在港台「講東講西」如是講，坐在一旁細聽，綿綿感動。

情到濃時，濕吻必然。攝影：Ringo Tang。

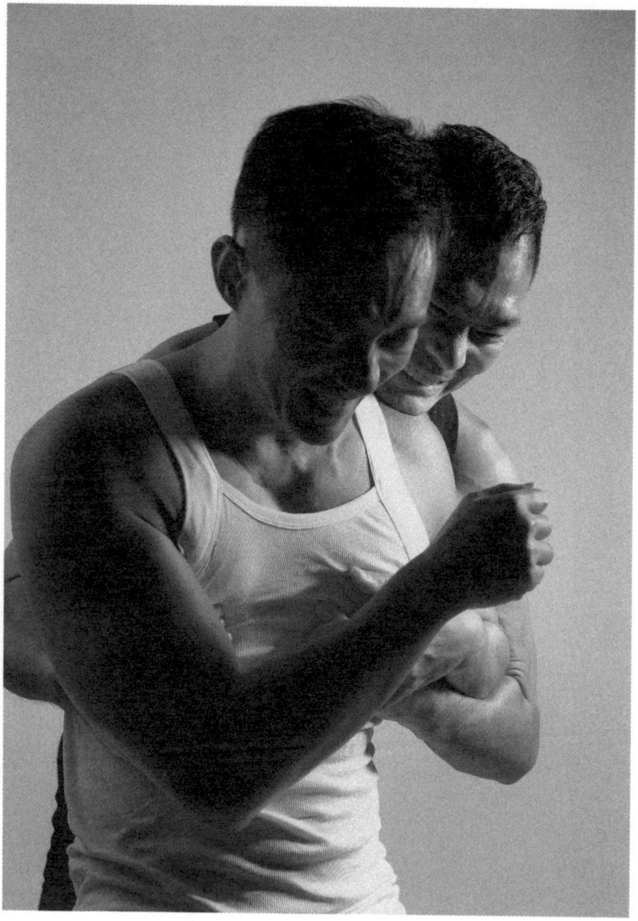

濕吻點解姓 French？

那些年初遊荷蘭，長輩導遊首都阿姆斯特丹其一勝地（或性地），老鄉一般稱為河仔邊的紅燈區。運河處處，何處無河仔的北方威尼斯紅燈區，或地下賭場聚集區猶如倫敦蘇豪，靠近唐人街。

當年荷都不愧世上首屈一指性都，河仔邊紅燈區十分開放，政府有特定部門管理，井井有條。黑、白、棕、黃膚色皆備，不同年齡、異性戀、同性戀、變性人，甚至變性中途同時擁有豐滿女性乳房及男性陽具者並列。官方衛生部門或民間安全組織，輔導妓女定期檢查，以防患上性病，傷害她們健康之餘，傳染顧客再而顧客家人。規劃成一小格一小格的「辦公室」，接客與接客之間，性工作者穿上最富挑逗性衣物，也不一定內衣物，指定設計動作；透視、低胸、露背、中空、不論短褲、短裙必然超短，縱使出奇制勝各式絲襪，不是大洞還是細洞，逃不出密密麻麻窿窿，不然便是豹紋或血紅；呀，差不多忘記，還有皮草，不論真毛假毛。

生意臨門，閉起落地長窗窗簾，房間一角床上搞掂。碰上專業的從業員，會得將房間佈置以盡量桃紅柳綠神秘紫，還有Art Nouveau燈飾，提供多方面性服務，不過，守則有二（當然，戴上安全套已非守則，乃保護主客雙方必備）：

一、不除乳罩。如嬰兒期奶水不足的顧客特別需要，尋求乳房溫暖彌補心理缺陷，需另付特別服務費；二、不接吻。陰戶可以出賣，迫不得已乳房可論價零沽，唯獨不接吻！

若是生而為人，一種自我肉體尊嚴，不論是愛還是慾，始終話事權在自己。如無愛眼前人，就是吻，敷衍了事，過門而不入，舌頭迴避……不論男妓女娼，都說：迫不來，再多給錢都難以順從。

濕吻，何以被稱為French Kiss？是法國人在舌頭舔舌頭的接吻功夫特別耍家？還是法國人發明濕吻？可能性不高，兩者都不用信！

情到濃時，不附帶任何條件，雙方同時提供口與舌頭進行，成就濕吻。相信早在法蘭西得名、成為法蘭西之前；人之常情不論東方、西方，靈與慾糾纏，濕吻必然。信不信由你，試金石：愛你的人，想做愛你的人，反應定必濕吻！

過日子有伴

蠔煎蚵煎

同伴週末在家弄他福建家鄉名菜「蠔餅」，承諾他的做法家庭式、不油膩。閩南人叫法，應是「蚵煎」。

不少潮汕人和港人，有事無事飛去台灣，其中一樣熱衷食品，必有蚵煎。

家鄉菜蚵仔煎。

自己從前也甚喜蠔煎，那些年常往朋友眾多的新加坡，當地福建人口比例高，大牌檔 hawker centre 或 food court 常備，熱辣辣、邊脆、中心薯粉與蠔仔軟綿綿，灑幾滴魚露及辣椒醬帶出鮮味，不怕重油煎炸食物的歲月，百吃不厭。

年前台灣鬧出「塑化劑」等黑心食品之前，本來名氣響噹噹、散落在台灣各地的夜市小吃琳琅滿目，早已不似舊時，不少接連一片的檔口賣的貨色大同小異，鮮見特色，尤其慣見的不紅不紫醬汁，看來更具趕客作用，縱使黑心食品未被揭穿，早已避之則吉。

啊，沒吃蠔煎已好些年！

同伴在家煮蠔餅，抖起再嘗念頭。與大夥朋友潮汕道地美食遊，原與閩南地區文化、生活習慣一脈相承，蠔煎幾乎隨處可見，尤其潮州古城步行街，蠔餅舖頭、檔口處處，外表看來甚上乘，隨便坐下點一份，入口不賴，頗美味可口，吃後不覺口乾，即是味精用得輕手。

離開汕頭前，在潮菜名店「新梅園」午餐，開場白以蠔餅，同樣美味不凡；為這個久違的名菜翻案。

「歡樂」兩斤十兩海杉斑

同伴說他喜歡厚肉的海魚，一個人吃，怎都不可能消化完一整條魚，只能買已切開分成一份份，買一份魚肉回家自蒸自嘗。

他思念的，還是有頭有尾一整條厚肉的海魚。

佳酒美食友聚，特意請「歡樂酒家」的邦哥預留一尾過兩斤重的海魚共嘗。至可信賴的邦哥，留下一尾兩斤十兩重杉斑，外面輕度沙皮，十分爽脆，裏面油滑綿軟，滋味難忘！

老家離海近，而且附近滿布魚塘；魚，基本上每頓飯都不缺，甚或兩、三種不同種類的魚同桌。

嫲嫲、媽媽曉得魚的滋味，一般喜

兩斤十兩（一點三公斤）海杉斑。

吃小小油香四射的油筋魚、犬魚（或鱭魚），尤其小小的油筋魚頭，𡁻完唔使環骨，百分百享受！

怕我們小孩被魚骨刺喉，一般選紅衫魚、鮫魚、鯇魚腩等等魚骨較少，啖啖魚肉類別。

不同種類起碼兩斤以上的大尾石斑，不是沒有，但家中比較少吃，大多在酒樓吃，尤其是流浮山的海鮮酒家。早期隨祖父去「裕和塘」，後來隨父親去「小桃園」，近年自己去得比較多「歡樂」。

炆斑頭腩當然美味，論精彩還是一大尾清蒸海斑上桌更刺激。特殊火候處理，只能在條件完善的酒樓廚房煮弄，平常人家無論如何也難得到同樣效果。

原汁原味雙面鑊煎黃花魚

單身寡佬，晚餐大可以貪方便在外面吃。如果自煮，比較瑣碎。

從前光顧館子，隨便點些飯菜、麵條、沙拉，一兩杯葡萄酒，搞掂。日以繼夜館子吃多了，來來去去都是那幾種味道，開始思念家中簡約飯香，提示歲月來到必經分岔路，江湖洗禮七七八八，是時候回家煮飯。

買食材自煮沒大困難，當然需要備齊特殊米油鹽醬醋，費時失事又費勁。同伴不抗拒煮「屋企飯」，結伴到菜市場採購食材，頗添情趣，都是青菜、海鮮信徒，蒜頭、豆豉、番薯苗（嫩葉），辣椒、香葉、花甲蜆仔，清蒸青斑腩，乾煎一斤左右黃花魚。省時省力，感謝韓國出品雙面鑊，免油，效果似煽爐，鑊似蝴蝶翼分兩面，置食材於其中一面，夾在一塊，煤氣爐火上各一面焗四分鐘（共八分鐘）即可。

煎焗黃花出鑊魚香四溢，連油也省掉，全靠黃花自身魚油，調味單以薑片，雖乾身但魚油盡保，入口香滑不凡，那是吃過至美味的海黃花。相比童年家中料理黃花魚以魚湯浸，以豆豉燴，有過之而無不及。

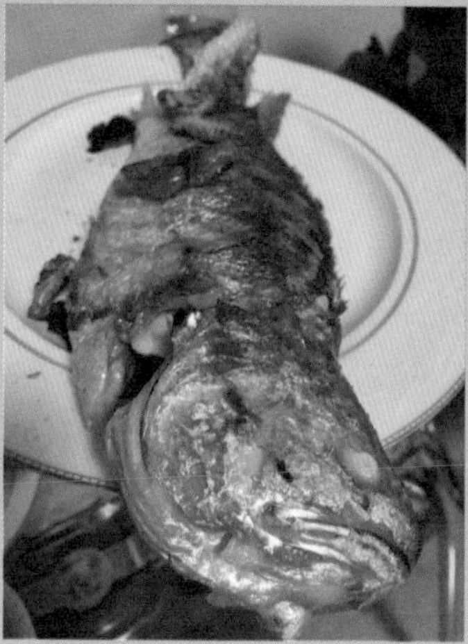
雙面鑊無油煎黃花魚。

香港水域曾盛產黃花，據說數百年漁港大澳每到黃花季節，海面湧入難以計數的魚群，入夜後月光下翻騰，一片金黃，魚民稱為黃花魚汛，捉極捉不完。如今海域受污染，加濫捕狠殺，數量已大不如前，本港海域久未再現黃花魚汛！

機場有眞愛

週刊製作特輯，報導同伴與我日本度假歸來「機場哭爆事件」，聯想楊凡視為意外驚喜，圖文並茂親自推介林奕華新作《機場無真愛》；相比戲名，勢估不到自己的Case卻幸運換來機場有真愛。無用標籤愛是那一種，大愛、小愛、親情、友情、愛情……最重要，同伴輕鬆回應：跟閣下交往伊始，即預計類同事件必然出現，只差遲早；「諸事喱」傳來消息初時感覺愕然，只因來得早！

事件曝光，曾亦忐忑，卻被誠心誠意另一半當事人不介意，回應以光明磊落。早經風浪自己的情緒不單止沒再下沉，簡直一天光晒！多謝週刊媒體都來不及！

總的說來，自己還有點錯愕；又非發仔、劉華、霆鋒，人家超級巨星市場無限，始有價值加持以被編造、圖文並茂除皮拆骨加鹽加醋報導價值？

新舊豬朋狗友眾志雷同：大佬你行走江湖幾廿年，媒體朋友無數，不表示一定賞臉幫你砌古仔，回報以如此甜到爆溫馨機場事件多謝都來不及！

純黑咖啡亦非常甜！

怎會無端白事讀娛樂週刊？驀居被別報記者追逼一頭霧水之際……問：咁你係定唔係認出櫃啫？出乜嘢櫃啫？幾時將自己反鎖櫃內？有需要嗎？

那些將入櫃、出櫃睇得天大事，當自己判官以櫃評估人家人格諸八公八婆，純屬老而不、老日子、七十年代之前史前生物，心身新人類那管甚麼櫃？今日生活劏房缺空間，還容得下「櫃」？

時光荏苒，韶華飛逝，此生非我有，誰還要恐前顧後理這個櫃？生命生活自負盈虧，一個櫃字算老幾？

地老天荒只關心媽媽感受，她不是我，未能體驗我走過孰苦孰樂成長眾路，卻需承擔天生或後天所作所為一切後果。

媽媽辭世，遠離塵囂凡間諸苦，天上看我：眾生皆好，一切姻緣際會早定，放下奔波逃避，當下自在。媽媽之外，情人、知己、親友全皆愛。

有人與你為敵為仇？不是恨，那也是愛；只是取向迂迴曲折，其實大助增長智慧。

Part乜嘢ner啫？

文明世界的Partner關係也已流行了好一陣子。傳統夫婦、夫夫、婦婦在開明社會的合法配偶模式已呈落後，婚結不結對相親相愛兩口子並無實質意義，用作向全世界宣示主權、猶如狗公在你家門前撒把尿，不外俗套，沒幾人在乎。就是昨天聽來感覺新鮮Partner這名詞，如今掛在口邊已感老套、過時。

姊姊自少自由自在，期望香檳白玫瑰與鈴蘭滿室的婚禮是妹妹。成長後，妹妹卻摒棄婚禮、甚至婚姻；能夠快樂在一起比甚麼形式都更重要，不少朋友勞民傷財搞完大派對也搞砸了本來情感的平衡……她如是說也如是深信。

結果如她信念，與大學伊始一直耐心等候的男友離開英國，飛到專業換得高回報的澳大利亞。生活舒適，兩名子女在新國家新家園出生成長，姓氏用父母雙姓。一直沒在乎公證朗讀盟心之句，信守婚姻承諾純粹發自內心，絲毫無損融融幸福。

姐姐成長後反而退卻少年瀟灑，着意舉行大型婚禮，計劃頭胎在三十歲前出生，結果籌備婚禮前奏男友父母雙雙重病，搞大派對不合時宜。然而成功在三十歲前誕下長子，舉行大型婚禮日後再算，重要他們仨，甚至四、伍過得幸福。準備就緒迎接次子出生，男女雙方保持親密關係。

我是她們舅舅，早逝至愛三姐是她們母親，彌留之際至繫心的兩塊骨肉。於我，是甥女、摯友也是兒女。看着她們成長，穿着白色婚紗走進教堂，宣誓盟心句，然後生兒育女，當然既傳統亦易為人接受。決定在他們，生活也在他們，選擇那一種方式後果自負，從至親、從長者、從朋友角度去看，重要還是他們自己；重要還是他們快樂！

與同伴閒聊人與人之間的親密關係，認定自身天煞孤星，在下紋風不動想都未想過任何關係模式。理想是二人繼續 Knowing 吧……當時真的如此回答，好不贑居，適合長期獨處，還以為與俗世背道而馳。

思考、過濾下來，路上人來人往，誰又能滿足另一個人所有慾望及追求？禁錮式單對單關係純粹滿足 obsession（佔有慾），對任何一方有害無益；關係若能昇華發展至明白、關懷、義無反顧的情人知己水平，功德無量。

冬旅

東京新宿御苑。

一段長時間沒長途旅行，大半年了吧！

過去專挑冬季出門，如屬南半球，例如南美洲、非洲、澳洲，則選夏季出門，到當地便是冬天。

在旅行還算優雅，旅客還有點素質的歲月，怎會有今天無時無刻、甚麼地方都充斥着遊客的現象？

那些年仍有旅遊旺季與淡季之分，就愛冬天淡季出門，偏好人少安靜。多年前到土耳其遍佈尖山、山洞奇景Cappadocia，遊客少得幾乎看不到其他人，遊逛時看來看去只是看到自己，感覺非常奇特。

另一次在倫敦過完聖誕節，遊過耶路撒冷，到以色列北部港口城市海法，不住酒店，揀了一所由修女管理、將部分修道院改裝而成的旅館。

一月初，能騰出時間旅行的人都離開了，全院只有包括自己三間房間住了人，空蕩蕩，還好沒有鬼魅，感覺非常安靜。

那些年的冬季旅程，連火車乘客都特別少，安靜坐在幾乎無人車廂，望車窗外飛快溜後風景，心曠神怡。冬天叫一切靜止，包括人、萬物和自己的動力，緩慢移動，徐徐前進，最是浪漫。

母親辭世後，「細時兩兄弟，大時兩家人」天長地久的道理漸次鮮明，從小日子到大時大節，多的是一個人過。

也無所謂，世界紛亂，社會紛爭，人情紛擾沒完沒了；得靜，再沒有更好的過時過節氣氛。

二〇一六年末本無計劃，應同伴約去日本：仙台、松島、青森及和歌山。

論熟悉，香港人心頭至好日本國，相對西歐諸國，日本並非自己首選，只熟悉只有心靈歸屬之一的京都。過去不是自己那杯茶的東京還算熟，近年少去。

一人出發先到東京，不住酒店，遷往當地辦物業買賣、租賃服務中心的好友安排，入住乾淨企理，面對大片綠野新宿御苑，大小恰到好處的套房；舒服得不得了，每天出門前 Google 好位置，大部分時間不乘搭任何交通工具，雙腳當車，走了不少路，跟自己理念吻合：能走路散步的地方，便是可以居。

一個人走了幾天舒坦路，連東京都可愛起來。

東京聖誕 Singleton

聖誕節並非公眾假期，除台灣也有日本，氣氛如何提升？在東京聖誕節幾乎有點不可思議……提議者，日本達人張敏儀，你怎可能懷疑？臨時將前往本州東北並京都的行程改動，提早出發到東京，Singleton 堂主張大姐在，相約兩頓餐敘。

並非耶教立國，宗教氛圍不算濃厚，東京並非處處火樹銀花聖誕鐘聲，好些商務並時髦地段，尤其國際星級酒店自商業角度配合日本人細膩入微的裝扮，心機處處，遊遍世界張大姐鍾情將年之將盡這裏度過。

東京雖好，北海道小樽的聖誕氣氛更濃，小城以玻璃出品及仿古音樂鐘馳名，就不是聖誕，一片琉璃、鐘聲世界另加北國白雪皚皚影像助興，活脫脫就是童話聖誕城。Singleton 子民在小樽過聖誕，如魚得水，獨自走在玻璃映照雪影，一應甜酸苦辣冷眼看待，心情與世無爭全數自負盈虧暗自思量；一切眼淚、思憶，不外徒然！

Singleton 形容聖誕節的東京着實吻合，尤其精緻區域密集聖誕花與樹並

東京早晨。

燈火處處，氣溫冷冽，氣氛隻影形單。任何大時大節人人回老家或出門的全皆Singleton。那年聖誕在巴黎，忘記是否二十四號平安夜，可能已過聖誕甚至二十六號Boxing Day，協和廣場燈火通明，香舍麗榭大道車如流水馬如龍，就是缺人！

那些年中國人仍未湧出國門旅行，世界安靜很多。自從雨後春筍爆炸性吞噬性向四面八方打救世界經濟姿態遊埠潮湧現，整個世界起來熱烘烘。巴黎始終是巴黎，好些區域無需熱鬧，保持冷清。一個城市毋用時時刻刻亢奮，寡言沉默仍然被譽為優質元素。從協和廣場走向塞納河，過橋淡入夜寂左岸，古老長巷小店櫥窗盡見精裝版聖誕裝飾，放眼望去獨一人靜享，此時此刻此情此景何嘗不是Singleton？

從銀座漫步踱回新宿御苑，隱隱猶似茱地嘉蘭（Judy Garland）幽幽將聖誕祝願散播：Have yourself a merry little Christmas. Let your heart be light. From now on your troubles will be out of sight...

自冷空氣悄然飄入，寂寥北國度佳節，人情世情如何冷暖，請相信來年全皆out of sight，餘下素質統統甜美純淨，Singleton子民期望的至佳回報。

新宿御苑隆冬新芽。

聖誕東京宜走路

東京很大，真的很大……幾乎人人印象中的東京都很大，未曾安步當車以腳印路走過，你不會發現東京中心區不似你想像般大。

以核心區域計算，曾穿越走過的城市，發現並不如印象中的大：上海、巴黎、羅馬、米蘭、巴塞隆那，甚至紐約曼哈頓；反而內地人喜歡加強口吻稱為「小香港」以證其小的香港，在山海所隔天然環境障礙下，依山依海伸展，想走遍？並不如印象般「小」與容易。

住處靠貼新宿御苑，灰濛早晨下樓飲咖啡去，見公園入口地圖指示、代代木就在另一邊，比較喜歡緊貼明治神宮公園這個小區，走不遠一段路橫過園區，一面走一面細看數目繁多櫻花樹枝椏已發出新葉幼蕾，不覺已達彼岸，比想像中更近。

咖啡飲過繼續走路，先穿越久違人頭攢動原宿然後表參道，向前「南青山」（Aoyama），天色漸轉晴朗。川久保玲「Come Des Garçons」店恆久搞嘢，不過今天時不我予，也非往昔人頭攢動來朝聖的風光；同一條街不遠處，黑色美學教主山本耀司原來的總舵再也不覺眼，是否已隨財政波瀾一起消失？

二〇一六年聖誕 Brunch 在九萬年前開始靚人集中地「Blue Note」自用，出來望天，藍似六月地中海。

再往前偏左走過林木繁茂、安靜舒懷青山墓園，才十來分鐘已達發展了一段時間，卻仍然被稱為新發展區的東京中城：六本木新城（Roppongi Hills），沒想過如此靠近。從六本木山下來，走上另一座小山，警察嚴陣以待政府行政核心地區，電視新聞聽多了；內務府、外務事廳……全數方方正正企立，銀杏樹還掛着幾片未落盡金黃扇形葉，在炭黑樹身襯托下非常顯色。

山下面，護城河圍繞、植滿參天古樹小山屏障皇家御園，穿越櫻田門內進，平民至靠近皇家的一角，外面正是古老帝國飯店（Imperial Hotel）、日比谷公園並張敏儀口中：大堂轉一圈，隨便碰上三、五、七個香港朋友的半島酒店。

再向前走轉右，已達目的地東京車站；輕鬆走路八小時，中間還佔去兩小時悠長早午膳，隨後走不到一小時即達住處新宿御苑，既認識了東京幾個重點區域相互距離及基本外觀，又可當運動，非常充實！

好幾年沒來東京，來日本，只為心頭好京都。這次走一走，符合自己訂立可以居的城市素質，很簡約：只需提供優質散步、走路條件。

這方面，東京有而且豐盛。

日落南青山墳場。

拒絕無奈 Singleton

急景殘年出門季節，機場、火車站、車站；嘻哈歡樂有之，落寞孤寂更眾。

昨天跑了東京中心區一小圈，一直走路到東京站處理全國通行 JR Pass。同伴警告必須預留充裕時間，本來中、港、台華人年終無休將日本重要景點逼爆，聖誕節期間遊客人龍更長，接近年假，日人紛紛趕回家增加不少旅途壓力。大和民族工作態度細心過份，反而浪費頗多時間，這方面過去香港精神快、靚、正絕對無人可及，可惜我們漸次淡出、轉差。

排到自己，慘！帶了說明書，卻忘記帶同換證 Coupon。次天再來，那人龍更長，排隊的人群面上掛起的臉孔比人龍長上加長。如非跟朋友約好在本州東北會合，Singleton 成員隨意來去，怎會被類似約定、等候、會合等俗世繁文縟節牽絆？

應該來的自然會來，應該去的無用挽留。相信冥冥中自有安排，就是來到跟前，又如何？天生屬於 Singleton 族群，身邊再無接收另一個個體的空間，更抗拒任何承諾；因為守諾，只害怕火車到站，自己來了，許諾的人卻去如黃鶴。本來沒有誰害怕孤單，馬致遠《天淨沙之秋思》、經常性隨身錦囊：

「枯藤老樹昏鴉，
小橋流水人家，
古道西風瘦馬，
夕陽西下，
斷腸人在天涯。」

所有景況在一般普通人眼中，只見一片慘、慘、慘！不重要，只怕不夠慘，照單全收，唯獨「斷腸人」三字，誰斷腸來着？

用自遊人三個字，「自遊人在天涯」恰到好處。自遊慣，害怕承諾，更恐懼別人主動許諾；人情薄似秋雲，只怕接了 Order，轉身即變，本來已將原來心情、時間、關係調節淡入狀況，卻見一地無形碎片，還需滾搞你動心動手收拾，多無謂？

人間不過遊戲，動情你便被輸了，精煉 Singteton 成員至怕被出賣到無奈景況。Single 開行慣了，獨行便獨行，老早訓練有素，就為拒絕被沽空的無奈。

松島「五大堂」。

松島五大堂見

「新仙台站下車，轉Local慢車至松島，到埗可步行十五分鐘或乘的士五分鐘，『五大堂』見。」

「五大堂」？突爾而來的安排，這裏並非自己相對熟悉的京都，五大堂名字未曾聽過。

火車離開東京不遠，天色漸漸灰暗，長期北國居住經驗告知：下雪了、快下雪了。

火車到松島，細雨密密地下。

海邊小島以木橋與陸地連接，壯岸松樹遍植，島上望海木建神社非常精緻；東北地區至古老的桃山建築五大堂，在猶似越南下龍灣大大小小島嶼襯托下，印象深刻……

「五大堂見！」別有用心！

日本三景之一，松島。兩百多個植滿松樹為主大大小小島嶼在海面突出，其實與偉岸下龍灣氣勢難以匹配，然而優雅不凡，似一個一個植於海面的松樹盆栽，若比較，似我唸高中加拿大安省古城 Kingston 位置，安大略湖水流入聖羅倫士河前的一段：千島湖。

雖說千島，何止千個島？聽說近萬個。

坐觀光輪船遊松島一轉，四十五分鐘，其實看不到太多，遠看還似長軸水墨畫，近看不過爾爾。聽說福島核事件與海嘯將眾島不少松樹淹死。

近看相對失色，雖然當地政府已第一時間再植松樹。

聽說從前遊客極多，核事件將遊客前來意欲嚇散。

因此，松島得回安靜。

日本旅遊區其實擅長做生意，人家一場老遠跑來，就讓他們看小島？配合景點酒店不可或缺配設溫泉。福島事件之前，孫郁標不止一次說我一定要遊仙台並外圍松島：「這裏天氣與水的素質至好，食物不得了的好……」

那時沒抽時間來，現在來了，海產市場外，都是燒蠔、燒鰻小店；同伴早來兩天，都吃過了。問他不怕核輻射……能怕多少，人家都一樣在這裏生活。

怕海產？放心一點就吃仙台著名牛脷；空氣間流動着輻射，雨下在草地上，牛吃了，一樣輻射，不吃白不吃，放心！

雪國冰妖

從沒準備這串旅程走進雪國。同伴老早安排了聖誕及新年旅程，醫務人員不能說走便走，接近半年前早將時間定下，讓上級批准，安排手術由其他外科醫生替代，機票、酒店房間、車票一應俱全，猶如進行手術，一步一步逐步準備妥當……

有這樣的旅伴至好不過。

自少年以來，自己旅行模式一成不變，飛到完全陌生的也門、古巴，跟前往熟悉如鄰居般的巴黎、翡冷翠一樣，除非借宿親友，一般到埗後才查訪何處可居，隨意得很。

突然有同伴將一切安排就緒，求之不得！

日本本州東北？仙台、青森？除出產牛脷、海產、優質蘋果等等通識，其他所知甚少。

記憶中幾乎沒有過由別人帶路走向陌生國度的往績。

前往京都過除夕及新年前，我們來到青森滑雪山區「酸の湯」嘗嘗日本愈來愈少的男女混浴溫泉。

雪山中看「冰妖」是同伴心中另一目的。

山上松樹在下雪後，氣溫回升，溶解了一部分的雪水被隨後再降的新雪覆蓋，久而久之樹身愈積愈大，人稱冰妖或冰樹，一座一座立在連綿雪山之間，十分壯觀。

適逢大雪紛飛，連綿山區完全雪白，感受走回一片曾經熟悉的雪國，回憶那些北國上課生活的歲月，非常寧謐！

百年老店「酸の湯」。

男女共浴酸の湯

由我策劃？肯定永世來不到這裏。

同伴按部就班，人未到，早在電腦一步一步猶如為病人施手術按程式指引，將一應交通轉接、下榻旅館、吃食特色、價格優惠猶如旅程一條龍服務，開心上路，開回家。

除非前往的國家在發簽證前必須預訂酒店，方便監控（不過，鎖起門戶古巴都大勢已去，餘下北韓之類極權愈來愈少），自遊無邊，去到哪裏是哪裏，隨心隨意，合眼緣多留兩三天，不合意趣乘下班車即溜。

新幹線只到「新青森」，需轉 Local 舊火車前往「青森站」，這裏必須一提：日本鐵路交通之方便止於極速新幹線，乘客頗多的重要支線安排有點不合時宜，班次不密。例如東京始發，經仙台到達新青森班次不少，然而轉到更多乘客目的地青森市區舊站的班次或一小時才兩班，接駁不周，消耗好些時間。到得市區，還需等候近半小時另一班 Local 火車到淺虫溫泉留宿，每天前往八甲田山區只有三班公共大巴，酒店亦只有兩班Shuttle Bus，入夜沒可能前往，只好另尋下榻旅館才得繼續行程。

以自己心性，事既無奈何，肯定跳上下一班越過海峽到北海道札幌或函館的快車，後果？到時再算！

不急，專人服務，熨貼處理，只需跟着走；入住、泡湯、懷石料理、再泡湯，一宿無話，次天第一班巴士上山。

望津輕海峽窗外一夜大雪，論盡轉接火車而巴士上山的路盡見一片白茫茫雪國景地，久未置身冰雪世界，望窗外連綿白雪皚皚冰封樹林，心情好不興奮。

除了泡湯，附近還有優質高山滑雪場，不似北海道二世谷，極少聽到廣東話或普通話，就憑這一點，值回票價！

百年老店「酸の湯」古、舊、殘只是外表，裏邊的安排直是老日子熨貼，服務水平恰到好處，一泊兩食的份量、質量滿意度換來百分百會心微笑。價錢？那笑容簡直由心而發！

池分大小。男女共浴是大池，可容過百人同浴。但我還是喜歡較小的男女分池，相對安靜且舒服。酸之湯的泉水的確酸，好比檸檬汁濃度：PH2，泡湯時需小心泉水入眼，猶如檸檬酸霸道醃肉般難受！

男女千人同湯誇張了。一百人左右猶似煙霧瀰漫，中間還有竹籬隔離，不要說女賓那邊，男賓這邊除了靠近幾人可看到眉目，餘皆矇矓，明顯只餘婆婆級數才有興趣按古例男女共浴，後生靚女裸文化不一樣，一個都沒見到，都去泡全女湯了！

円月島日落，引領「聖雅各之路」的決定。

二〇一六年最後一抹時光

多年習慣，聖誕節前後倫敦與家人同度。新年前過英倫海峽，與摯友幾名一起過；有時在法國中部近里昂布根地（Burgundy）產酒區，在只有數十戶人口農村、老朋友 Olivier 與人生伴侶買下一幢數百年歷史的小古堡；或南下普羅旺斯山區，朋友 Carole 二十年前已立定心志離開巴黎，南下買一個農莊，回歸田園。過去多年都以此模式過節，並美酒佳餚與良朋同度。

二〇一六年本無任何度假計劃，準備留在家中；同伴卻老早計劃到日本本州東北青森八甲田山區，嘗試古老男女同浴「酸の湯」。邀我同往，心念一轉，何樂而不為？假期還呆在家中工作，病都是如此誘發出來。

終在大雪飄移的八甲田山區享受了回歸雪國，在一片冰天雪地中度過幾天身心徹底休息的寧靜。一泊兩食，晨早先泡湯，然後享用豐富且健康的早餐。反正外面下大雪，哪裏都去不了，讀讀書，畫畫圖，再泡一會湯，午餐不吃，休息幾回已到晚飯時間。先泡湯然後進食，晚上與同伴飲酒聊天至深宵，好不梳肝。

除夕前一天離開東北，與趕着回家過年的眾多旅客一起乘新幹綫南下京都。到埗後，每天只研究吃甚麼，散步走走甚麼路，大部分名勝古跡之前已曾去過，毋須與遊客爭奪觀。

除夕下午，吃過河豕（雞泡魚）料理，到錦市場選購雪場大蟹、大蝦、Toro、貝殼類海鮮、三文魚子、豆腐、菜蔬、蛋糕，安置在住處，然後走上與京都火車站連接在一起的伊勢丹百貨公司頂樓花園，望西邊看二〇一六年最後一抹時光餘暉。萬里無雲的藍天，在寒冷的空氣間感受年之將盡，感恩從來一個人的旅行，這次有伴同行，放眼日之落處，不期求甚麼特大目標，能像今天安穩舒懷將一年最後的日落，收入眼簾、藏入心中，夫復何求？

日本享受美食

仙台牛脷 Burger

聽說仙台除海產著名外，牛脷（牛舌）料理更加聞名。福島核電廠事故之後，人人對甚至日本東北海岸出產的海鮮有戒心，反而牛活在陸地上，牛脷受歡迎程度仍然高企。

原因二戰後，大批美軍湧入進駐，美國人喜吃牛排，牛其他部分全數浪費，日人戰後生活艱苦，食物不足，將廚餘物資以日式烹調製造出可口食品，經多年演化，竟然成為仙台一大代表。

仙台牛脷 Burger。

JR仙台站樓上有多家牛脷專門店，具四十年歷史的「喜助」人氣與規模至勁。吃過厚切燒牛脷並不如理想，不及元朗雞地小店。然而同伴點了牛脷 Burger，切開油汁四射，肉香淋漓盡致，如非自己減吃，肯定盡一客 Burger，自己全部吃掉。

從小對漢堡包興趣不高，加拿大上大學的校園，茹素學生比例甚高，受感染，人生好幾個段落亦茹素，就算不全素也偏吃蔬果魚蝦，避紅肉。對牛肉興趣不高，但對牛幾個部位卻甘之如飴——牛尾、牛腦（在印尼吃過雪糕一樣綿軟的巴東牛腦，永世難忘），當然還有牛脷！不論燒、焗、炆、煮、煎，無任歡迎。「喜助」以燒牛脷聞名，下次有機會來仙台遊玩，切勿忘記嘗嘗牛脷 Burger，絕對喜出望外！

王將餃子

不是北方人，對餃子的熱情不高。近期拒吃澱粉質與甜食，即使餃子、粉皮也屬禁食範圍。人在日本，無端白事，點解吃中華料理？

同伴旅途中說過幾次「王將餃子」，每當駕車途經該連鎖店，例必興奮宣佈：「啊，又有王將……」情如童真。

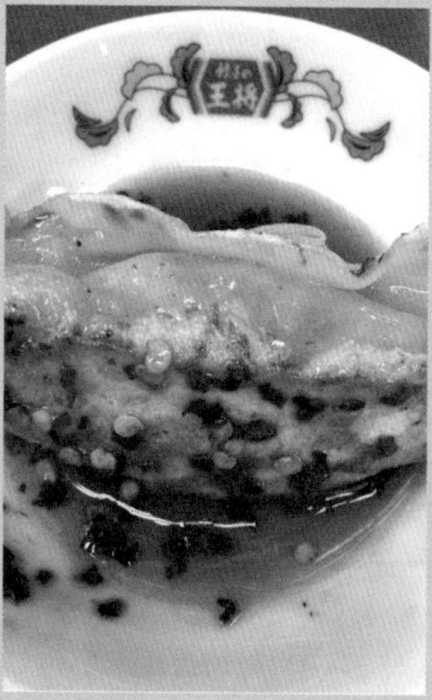

平、靚、正的「王將餃子」。

那天在京都吃過早餐，乘比JR更通達、更方便直達關西機場的巴士，領取訂車直踩和歌山，目標是白濱，不短的旅程。中途還需先到專門店購物，沒吃午餐，太陽偏西囉！幾乎像「7-11」便利店般在你左右，頗大個招牌「王將餃子」立即出現眼前，未免周到。同伴說既然不吃白不吃，不嘗嘗才是白浪費，何必抗拒試試？

兩份煎餃子，一份芽菜炒豬肉，一千日圓左右，價錢平宜過香港。咬開，肉汁四濺，餃皮薄且脆，不見油膩，加醋加辣椒油，可口、入味。喜菜蔬而遠大口大口肉是自己的選擇，幾處溫泉鄉之旅，幾乎夜夜懷石料理，嫌棄青菜分量嚴重不足。王將用薄片五花腩炒芽菜，一點不肥，更是矮胖猶如芽菜雞河粉（頗著名的馬來西亞怡保品種），甜美多汁，份量也不偏小，將豬肉片撥開，大快朵頤。

日本之美

心性既定，眼中的美包括：中東舊日神秘、非洲浩瀚自然、地中海古文明、歐洲優雅精緻、東南和南亞殖民地餘韻。日本呢？過去並非我的那杯茶，有空寧願飛去歐洲。

二戰前後的台灣人，爾後香港人，近年內地人，再而全世界華人……都愛上日本，東西美味，貨物豐富，地方乾淨，人民有禮，各式風景優美不凡，社會文明有規有矩，山海共融，尊重環境。以上幾乎大部分華人社區，尤其是後天都缺乏的素質，有心追求空間、視覺、味覺和感覺之美者，無不視日本為首選遊訪之地。

歐洲近年飽受恐怖襲擊、盜賊如毛、經濟衰退兼價貴無道等等的打擊，原想前往歐洲旅遊的華人，寧選食物更合適脾胃的日本。過去必到法國、瑞士或溫哥華滑雪的愛好者，近年猶似着魔，都湧向北海道、本州東北去，除了滑雪外，更可泡溫泉，享受美食。

奈良東大寺。

日本至美還是輕與靜。華人特別喧嘩，不論來自哪裏難以安靜。這方面，日本人特別優秀，地鐵車廂內人們只發短信，無人講電話，公共場所除非酒館，大都堅守規矩將聲浪壓至最低。在日本享受的不單止是景點，而是一抹對環境尊重的寧靜致遠之美。

謝謝您在世界的角落找到我

長居巴黎的好友 WhatsApp 我：你們結婚可算合法？回覆：合法與我何關？

一、結婚這個 Term 是媒體給面子、加持，實無此事；二、過去一直奉行獨身主義，並非婚姻信徒。

真的需要用一個平常人懂得的術語去解釋：訂婚（Engagement）吧！一種生活締約，對同伴一份承諾；只需二人明白、共享。

活到這個階段，還在乎旁人如何看？如何指指點點？如何無聊至極以語言或賤格眼神嬉笑怒罵？

反問：閣下真的認識我？

從來是個反面教材，求學歲月如是，社會打滾如是，做父母的子女如是，為人兄弟朋友如是……不是我下意識偏執行事、壞，一切有定；生為傳統大家族一份子，卻命途僥倖，一直演出基本上無牽無掛玩得招積反叛份子。經濟獨立，除成長求學期餘生無需依賴家族父輩祖蔭，更不用仰人鼻息、假笑卑躬屈膝！

閒談間堂妹經常猶如佛偈：命運，一半是命，一半是運。

命，與生俱來、輪迴；運，此生人事物身邊滾動，雖非完全自決，一念天涯，個人力量亦可參與、改變。

問我或問誰人，誰個不想自己掌握命運？待過人生大半，發現冥冥中自有主宰，同一個社會，同一個家庭，同一個時辰出生……不論多少個巧合與例證；往後走的路反差如此巨大，如此不可理喻。

所以不太相信算命、術數，除個別非常高人，絕大多數不過江湖術士，為自身私慾呃神騙鬼！

點解又會有戒指呢？點解會咀嘴？盧覓雪不是證婚人？

那是一頓豬朋狗友弟兄姊妹忙得無暇餐敍，在我「聖雅各之路」歸來的一個約會，兼近同伴生日（雪雪本屬另一個密友幫會），見大家高興：不如一起將派對搞大佢啦……

屯門三聖邨望海餐廳兩圍二十多人，興高采烈魚蝦蟹香檳蛋糕，生日禮物 Cartier 戒指齊備；雪雪主持，搞大咗。誠心感謝佢搞大咗、玉成好事 Engagement。

Kiss 咀嘴呢？你唔識我咩？從來社交禮儀擁吻是我本能；不分男女老幼，只要親朋好 z 友都肯定享受過。

悔恨從來、至死沒吻過媽媽不少人，我吻過！

熱情濕吻只能留給有情人，尤其天涯海角經歷歲月練歷在世界的角落找到我的那個人。謝謝！

Galle，斯里蘭卡南部連綿長灘。人物：陳梓欣。

如何讀好這本書？

面前人雖然被大家認定「天然嬌」（Natural Charm）。

榴槤一樣天然，南洋山巴（野生）品種比 Organic 更 Organic，美味非凡天然渾成，其皮無異數，同樣荊棘辣手，隨時皮破血流始得開，芬芳撲鼻，入口綿滑世上無雙。

二〇一六年九月十一日，純粹偶然，約會於「榴槤BB」（在觀塘工廈）舉行百人同時放題貓山王榴槤盛宴，如此場面怎會浪漫？卻註定留連忘返，隨後過程之艱辛讓開榴槤變作吃棉花糖，比二〇一七年四月底至五月中行走「聖雅各之路」辛苦何止百倍？

行完「聖雅各之路」回來，極少提及，行走人心比實質長路……未免太、太、太艱深，兼隨着客觀因素，人來人往人心叵測影響變動，苦樂參半，如非決定此人，以自己性格，老早過主，只嫌閃得不夠快！

是他，不是她、它、他。

不再逃避，不再拒認，他是一本書，不單止人生新的一頁、新的一課，而是全新、從未接觸過的一本書。對圖像從來偏愛，Visual諸物特別上心。文字嗎？人心嗎？得過且過，絕非好學生。

今天面前這本書讓我迷惑，讓我激情，最重要讓我願意好好專注細讀，不再逃避，甚至思考不從平面（Horizontal）角度去讀，而是提升凌空從鳥瞰（Vertical）角度去認識包容之意、包容之義、包容之實，甚至追求知己知彼一併從頭將自己先解讀。

窮一生一世，不少人先懵懂讀不透自己，遑論讀其他人？「無人完美」人人都懂，卻往往要求別人、尤其身邊最親密那個人完美。所以共同生活不容易，磨合需時也需胸襟。

要關係何用？過去口號與信念：「就算是直佬，也不會結婚！」

父母不如意的婚姻留下陰影？明瞭人情世故路難行，一個人行已然苦澀，兩個人如何平衡生活如魚得水？

啊！課題太大，書本太深，從來迴避，在喜悅與失落間閃縮前進，他們評語：閣下訓練有素，面對群眾，尤其媒體鏡頭看似笑得燦爛；私底下從來不見由心而發的笑容。

由衷的笑臉出現，那書亦告打開，如何讀得順？如何珍惜一字一句一節一課，不易！不易！不易！請賜我力量，並非免我於試探，而是讓我不放棄、不逃避，視他為人生最後一本書。

偏遠Es Carlo des Moro海灘，海水湛藍。

愛情是做彼此垃圾桶天窗

「最好的愛情是甚麼？就是我們可以湊在一起說一大堆垃圾，也可以安靜地背靠背沉默一整個下午而不尷尬。就這樣，一直喝茶聊天，一直做彼此的天窗和垃圾桶，一起看窗外的四季變化。」

設計師朋友 Henry Lau 鋪文讚頌他與愛人平常福祉，開放、直接、簡潔、讀來入心入肺，好不舒服，同時也是一種提示：

「莫以為煙花過後王子與公主、公主與公主、王子與王子從此快快樂樂直到永永遠遠……現實與天天彩虹、夜夜星光燦爛着實很大距離。情場老鬼，卻是愛情新丁，所有兩個人相處的感覺與行動從頭再學，一切應該做不應該做，一切需閉口有時也需講得一清二楚，一切的在意不要太在意（即是甚麼時候隻眼開甚麼時候隻眼閉）全部老老實實學而時習之，兼摸着石頭過河。」

從來是盧冠廷粉絲，他作曲及演唱諸曲，尤其《泥路上》，《快樂老實人》，《天籟》，與李宗盛合唱《捨不得你》……是我長期愛戴的歌曲，在自己電台節目裏常播；數十年心情與以上歌曲同印證，恆常自己一人泥路上，無言心底暗哼捨不得你！

唯獨盧國沾填詞《愛是這樣甜》聽來好不自在，空氣間瀰漫濃濃的蜜糖叫人受不了：

「期望每朝早，起身一吻紅的臉，共回味情夢最甜，新鮮早餐奉獻。期望每朝早，返工衣着同挑選，一切一切共分享，愛是這樣甜。共做晚餐談笑，你要呷醋我落鹽。……住在這小房間，說說笑笑也纏綿，但願我的旁邊，長伴有你天天見。」

從前不會問這是甚麼樣的感覺？也沒想過自己會對號入座。過來人提示累積，總結：有人共你做彼此的垃圾桶接收不着邊際的垃圾，有人共你無限量打開彼此說夢話的天窗；生而為人，最滿的福祉、無量的恩賜，阿們！

攝影名師 Ringo Tang 送出大禮，為我們留影。

恭喜你啊鄧生！

〈請勿高調〉是本來的標題，親戚幾句話讓自己忐忑多天，將情緒埋下文字由它散去：「……個人自由，管不了你，但請低調……」

人情世故怎會不懂？何嘗不處心積慮從低調着手？事情冒出水面，莫以為一般社交界「搞大佢」僱用公關專才包裝料理，抱百分之二百心理準備去迎接。

沒有！從來不當自己站在社交界；零準備，它發生了，回應除卻震驚只有更震驚，睡醒自網上獲悉新聞，一句：大鑊（慘）！

於我，這隻鑊一點也不大。

運命除卻你自己，誰能代過？於同伴，處身傳統行業與機構，他比我的勇氣更大。

視為困難往往是父母，他們不在餘下至親弟兄姊妹；並非他們不厚愛，壓力來自他們的朋友同事，還有鄉下人擁有至多的一親疏族群。多年沉默，任令自己演繹沉積岩，全因上述鄉里壓力，收起開心自己一個人，無謂家人難做。

我尷尬？能有多尷尬？人人一生，你能幫我過？

運命如是，無論上天主意天生如此，還是後天成因；何須追問？緊記，浮過生命海，無人可替代。

相識幾十年，視為摯友某，竟然面對面在某公眾場合三次不認；這才叫震驚，當下摵了自己幾下，搞清楚，肯定身處不是夢中。近鄉情怯，身為同學他比我更驚恐，視而不見，聽而不聞，逃避得了我，如何逃避閣下你自己？

高調不高調並非一個人可翻雲覆雨，如沒媒體發動，自以為是多大的雷聲，不過小雨點。盧覓雪說得好：「他們怎會盤算？新聞出街能吸引多少迴響傳媒難度沒計算過？向好處看，打滾半輩子，閣下並非阿茂阿壽總算一個人物……」

做阿茂阿壽過平凡喜悅一生起碼幾次得人恭賀；新婚小登科、為人父母、升級做老爺奶奶繼而祖父祖母。

作為我，除非事業做出一定成績，浮生過了，何曾聽過幾聲恭喜？人家給面子？托弟弟弟婦鴻福，姪兒婚禮上也有不少親友上來說恭喜。

那段時間「恭喜」聲音不絕：親人、朋友、同學、舊時老師、同行業界、超市收銀員、餐廳服務生、的士司機、路上各色陌生人……那天北上開會，車廂有位笑臉迎上前來的女士要求 Selfie 合照：「我是陳醫生手術室團隊成員，他人真好，我們都為他開心，恭喜你們！」

與內地客戶開會，劈頭第一句：恭喜！

「你們知道嗎？閣下喜訊在內地鋪天蓋地傳開去，請準備，隨時幾億善心人恭喜你！」

近鄉情怯

離九月九日愈近，心情幾度忐忑。

同伴父母已經不在，親妹在國外，香港就姑姑姑丈表妹表妹夫；相對面向整個家族的我，表面輕鬆得多。

雖然無需面對一條同姓家族大村，處身傳統行業，非常傳統架構，「近鄉情怯」四字相對在下來得更貼切。難得此人表面羞澀笑容靦腆，自小泳術嚴格訓練的胸膛，內藏海闊天空。

把臂同行，潛移默化，出自自己口雖然多，終於明白「對己須忠誠，生命得一次，生活無人可代過」的意義。

原來不過兩桌廿多人的生日飯，沒想過發展到如今，出席的朋友遠遠超過《蘋果》「add」編採林妙萍筆下一百人；蔣芸腿傷要看情況，張敏儀原定東京飛溫哥華可能改行程先回港一轉，劉天賜遙寄消息他會一定趕回來……你家人

好朋友 Simon Cheung 拍下鄉屏山鄧氏宗祠新春盤菜宴照片。

呢？幫忙打理派對的朋友問津。

這可是一個心結，難於啟齒的問號！

沒心理準備，事情發展全速跨完一步又一步，寬度一步比一步闊，一日千里豈止困惑？近鄉情怯，愈親愈怯，逼到埋身何止我一個人，他們面向非傳統事件，背負的壓力怎會少？

決定：既然是朋友玩耍的派對，便繼續本性，讓朋友們柴娃娃。當時年紀小，你會喜歡父母參加你與同學們的聚會？

也有同學朋友第一時間通知來不了！

與他們自身境況接近，近鄉情怯情何以堪？

這點我們都明白、接受，無謂強人所難！

遺憾桂姐（三姐）離世之前沒向她表白。愛弟情深，姊弟多人就她一個以平常語調問我性向，無奈迴避顧左右而言他；二十多年前倫敦格林尼治冬日下午幽暗，生命走到快盡頭至愛至親，尊重我沉默的選擇，昏黃細雨窗前手牽我手，猶如幼年時呵護，不讓我跌倒，不讓旁人來欺負。

至親們（上）

距離九月九日囍宴還有幾天，期待已久的時光瞬間眼前，說不忐忑肯定騙你，兩個多三個月前一頓本來相當安靜保密的生日飯後，至愛好友猶如平常，將活動照片鋪上「臉書」，滾滾隨後一切已無法抗拒與阻擋。

好友事後自責大意，引致「風波」不斷！甚麼風波啊，阿妹？

感謝您將我們從沉默、幽暗、猶似見不得光的遮醜洞穴帶到人前，讓我們堂正面對人生，毫無顧忌攜手走向正面前程（是否錦繡？還待二人共織）。看着這段時間各界正面、負面、正面熱情、暗裏冷笑等等各階層萬千反應，陳醫生與我以至起碼、至隨心而行的輕鬆面對，反而令您從忐忑中反過來：喜極落淚。

請放心，沒事啦（Stanno Tutti Bene）！

好些朋友發來信息：如果我不獲邀請，以後便無需做朋友啦！

三姐桂潔與 Bren Nevin 教堂舉行婚禮後，換下婚紗穿上中國刺繡參加酒會，門前與母親及眾姊弟合照。

另些朋友收到邀請：我忙、我外遊、我身體抱恙……Excuses（藉口）不一而足。

各人自有生活，不論理由真偽，無人需要為別人負責，做好各路英雄便是。

讓自己心情比較難踏實……

以為生死兄弟之交，竟然：回覆邀請都缺乏勇氣！

網絡上的請柬掛在宇宙星宿，上不是、落也不是！

人生豈得完美？留白恆常埋幾抹瑕疵。原本限制在一百人以下，純粹朋友的派對，信手拈花也已數百朵；一些要來，卻心虛告假。一些翻來覆去、我卻忘記了，再約已無用，他們賭氣去了。一些沒想會費周章，卻老遠飛回來發誓要親眼見證。

人客從一百到二百，好事成雙。

至難為情，還是老家鄉親，平常頗親厚的，突爾視而不見，老遠見着拐路走；初時壞情緒回應，多見幾次便平常，抱歉自己讓他們不知如何發落。

另外一執：幼弟慣常譏笑「發家族基因神經」，已無好氣料理，愛發神經請發下去，又非一般見識守着太公幾畝瘦田養妻活兒；人各有志，招呼打不打？悉隨尊便，在下從讀的書、攢的活、遊的路，從來都讓你們的智慧受考驗。幾天後要發的盟誓，對不起，要嚇破你們的膽。從來沒要求認同，能不能被接受其實對任何人的生活皆無影響，反正已活到自己恆常自嘲：「太公嘅陣，死咗好耐囉！」的歲數，無需抱憾，無用擔憂。往後走的，除身體隨大自然定律外，大多都是平坦路了，如果要說抱歉：除了家中至親也只有家中至親……

至親們（下）

未打字，捧着 iPhone 望着露台並灰濛天空，眼淚不聽使喚潸潸落下，如果您們在，我的生活會更踏實，九月九日之約必添姿采！

雖然我們都清楚、都明白「生活」與「生命」，除卻自己，無人可代。

更清楚生命完結了，您們先走一步，再見已在另一層境界，常存心中留下只有觸不到、摸不着的精神力量。

老桂，二十四年啦，只要一刻閒暇您必在我思維間跳躍，更不用說甚麼節慶生日生忌死忌。想起您早逝的生涯，餘溫綿綿暖暖，再失望再無奈的營生死角漸轉溫柔。大愛包容，只有您切實開口關心過我的私隱，您眼中與生俱來的事實並非罪行，更何況您親愛的弟？

您跟二姐先行一步，餘下姊弟眾多，弟弟們沒說甚麼，也感謝他們自自然然沒當甚麼。從大姐數下來，家中其他姊姊妹妹都給 WhatsApp 或飲茶面對面

為慶祝母親春節期間生日舉行壽宴，以傳統元朗盆菜款客於家族宗祠，自九十年代初開始，漸成風氣，也營造了盆菜成為香港傳統食制的代表，開風氣之先馳名海內外。媽媽離逝後，一直思想中斷這個已入了《舌尖上的中國》記錄並國際媒體不斷訪問的盛會，朋友不讓，欲罷不能，二〇一七年春節超過一千多人參與，決定：到此為止！

鼓勵暖語，餘下都以千言萬語化作盈盈笑意。外甥外甥女侄兒侄女眾多，賀語老早從世界各地滾滾而來，您們 Nevin 家的女兒自珀斯與倫敦寄來現世珍貴、手寫的賀卡。

為免姐弟面對囍宴媒體不習慣，兼且家族龐大免顧一漏百，也保留原意無近親，全朋友的派對讓大家盡興，所以沒請家人列席；但我深信二姐與您化作守護天使（Guardian Angels）在我們的空間護佑。

牛仔，轉眼離開我們大半年，瞬間轉變巨大，豈料人生走到這一步？可惜死黨似您未能共飲。我也沒請 Julia，發言有緬懷老友落淚位，不想令她不安。同學老友就您們幾個，雖則肉身轉型，相信您與我們同在，與桂姐結伴同來。

星薈紅蟳糯米飯。

星薈衆裏紅蟳千百度

要揀一道九月九日，天文台道「星薈」舉行晚宴至入心的菜式，必選「眾裏紅蟳千百度」。其他菜式幾乎無一不好味，讚許不斷，但它的名字及含義多重。

……眾裏尋他千百度，那人卻在燈火闌珊處……

先不理往後的路有多少伏線，營生可能充滿飛沙走石，面前風景恰如千古名句，尋尋覓覓起伏跌宕無數，過盡千帆作好準備：一個人的活着實也不難過。

他現身了，一步一步走過來，誰說一片光明順暢直路？總需一點因果緣份將重重荊棘拆解。

「眾裏紅蟳千百度」原出處：台灣名吃「紅蟳米糕」。有說這膏蟹糯米飯源自福州而非閩南，無論閩北閩南，它在台灣發揚光大。

伴侶祖籍福建泉州，縱使香港長大，父母不在，選此菜式具尊敬含義。

愛屋及烏？

三十年前在高雄朋友家，伯母弄出滿桌色香味豐盛家常菜，吃到以竹蒸籠盛裝膏蟹（奄仔蟹）並先炒好糯米同蒸的主角：紅蟳米糕；自己是個糯米癡，被蟹膏濃甜肥碩、糯米吸收蟹汁鮮甜、香氣撲鼻吸引，頭一次吃，一吃三碗，猶似舊時媽媽煮家鄉名菜「蒸炒雞飯」，吃極不膩。

近年香港酒家餐廳也跟隨台灣，弄起奄仔或膏蟹糯米飯，頭頭是道，不論自己愛戴的流浮山「歡樂酒家」還是相熟的三聖邨「廣東名門」，都炮製出高水平的舶來品種。

二零一七年九月九日囍宴由鴻星高層C姐統籌、行政總廚周權忠師傅提案，單尾：奄仔糯米飯。周師傅心思，以奄仔膏與糯米同蒸，飯熟顏色金黃，觀感一流，試菜當晚，滿桌掌聲。

給當晚菜式命名的責任，落到自己頭上，紅蟳米糕混合眾裏尋他千百度：「眾裏紅蟳千百度」，感覺良好，朋友讀着、吃着，點頭稱好！

下篇

望天上雲卷雲舒

百合花開

「每年來到你生日前夕，家中的百合勢必盛放……」母親在世時曾經說過。說也奇怪，這時辰的確百合花開。

從來喜歡純白百合花，舊時新界群山山澗、山谷，每到春暖，必也盛開，自小被花香薰陶。

那年春天家中甚麼花也開了，百合、菖蒲、蓮花……連種了十年以上從未開花的紫藤竟然也給面子。

這之後菖蒲死了，紫藤不再開花，媽媽在花開後不到兩個月亦辭世。每年靠近自己生日，百合花開，也特別憶念至親。

母親是我最後的懸念，二〇一二年離世後，雖云傷心，此後海闊天空。坐飛機遇強烈氣流不再心慌，大腸出問題開刀做手術說做即做，連家人朋友也未通知。內地經營環境愈來愈困難，不用害怕母親擔心，二話不說盡快撤離，之

家中四月盛放百合花。

後自由身任飛翔。

即將飛倫敦，再到法國西南，然後爬上比利牛斯山展開八百公里「聖雅各之路」。如若母親仍在世，想我未必如此瀟灑。

如今拋開世務上路，帶一片百合根芽，到時留在途中要點，猶如其他毅行者將心繫懸念化作物質留下、沉澱。

父母婚後數年，母親才補拍傳統高度刺繡婚禮裙褂照。

母後四年

四年前端午節，甥女們從珀斯及倫敦趕回，之前她們幾個表兄弟已從多倫多回來過，捨不得祖母，不辭旅途勞苦飛萬千里，幾個月間一再回來，再見又再見。雖知時日無多，早存充足心理準備，沒想到媽媽離開的時刻來得那麼快。黃昏從醫院出來，十多人擁到藍地季季紅酒家，多天下來就是忙着進出醫院，都沒讓大家吃一頓好，那夜端午家人團聚舉杯同慶，慶幸母親仍在。

端午節次天，五月初六清晨，醫院來電急召，母親彌留，匆匆趕到，一輪周張後情況緩和，在世在港的同母異母弟兄姊妹到齊，編好守候時間表，我與大姐幼弟第一組，眾人散去回家稍事休息的回家，吃午飯的吃飯，抽煙的走到醫院外頭，上廁所的上廁所。挪一張椅子自己獨自坐在病房門邊，既守望着媽媽，也用手機打着遲交、早已過了死線的專欄稿子。

接近收筆，聽見媽媽重重呼了兩口氣，手機忽然失靈，畫面瞬間空白，整篇稿子失蹤，正欲跳起頓腳，大姐如廁回來檢查母親狀況，忽然大喊：媽！媽！

迅雷不及，媽媽斷氣，離開了塵世。雖然呼吸停頓，心電圖顯示，仍有活動，大夥不停喊她，每喊一次，心電圖跳動加速，她聽見我們呼天搶地。直至本已離開醫院其他家人全回來了，包括感情深厚的姑姑。

姑嫂倆陰陽阻隔，細細婉言道別，心電圖慢下來然後轉成一條直線。哭喊的哭喊，飲泣的飲泣，如何不捨必須一別。眾人悲傷的時刻，自己倒冷靜，與醫生護士問詢如何處理身後事。直至一星期後母親喪禮舉行前一天，騎單車途經外祖父母村子，想起童年往事，姊弟隨媽媽回外家探親一應小故事，憶起已離世的外祖父母、姨母舅舅們、以及我早逝的二姐與三姐，望着艷陽悠悠藍天白雲，忽爾失聲狂哭，喪母之痛那刻才衝破自己遇事安靜的常規，結實哭了一場。

四年了，媽媽，散播世界不同角落的曾孫曾孫女們增添了好幾個，你肯定含笑細看眉宇開展，想及這裏我也輕鬆起來，日子走着、走着，我們重聚的日子愈來愈近了！

八月十五夢至親

媽去後，四年有多從未入夢，想無掛慮仙遊幸福。

天未光，抱恙幾天，掛念節前工作突醒，即伏案未停。數小時後躺下小休：彷彿老屋大門前，似童年老日子晨光，媽坐小藤椅上，手沒停地跟我答和。

忙碌何物事未看得清楚，神色帶幾分憂慮，話題環繞近期從工作到家庭不睦兄弟糾紛……啊，她都知道！

攰得七零八落和衣入睡，夢中見自己身軀斜倒一邊，偏離印象中四平八穩，慢慢移動襤褸軀殼，邊吞氣細答：

「媽，我很攰，能做的，能揹負的，都全做了。任何正常人能奉獻的，我都盡力而為，再無能力擔帶……不要再要求我做大佬，我也很想做做細佬！」

回望長巷陽光融為一團，忘記問我媽：您最近好嗎？看見過誰？爺爺嫲嫲

蝴蝶翩翩入室，一般相信至親回來探望。

見到嗎？就這樣消失，醒了。多苦惱？四年多，沒有一天不曾想她入夢來，未聊浮生細語，卻關顧了千古不移難解煩惱！

好想告訴她：有爸，尤其媽在，家才得維繫。媽走後，失重心；那家終告各自散去。

樹倒猢猻散，原來不一定指財雄勢厚、家族大業；是父母的凝聚力，他們在，一切先放到一邊做好做歹，真假都好，盡量蓋。

他們離世，有幸家人仍團聚吃頓年節飯，已經命幸。不要再強求傳統的所謂團結，世情啊，不再一樣。

如若連飯聚都多餘，也無所謂，反正陪伴你來到世間的，是媽媽。

她走了，終於認清楚：孑然一身，你自己一個！

媽媽（左）年輕時，跟友好同村妯娌琪伯娘（右）在元朗墟的影樓合照。

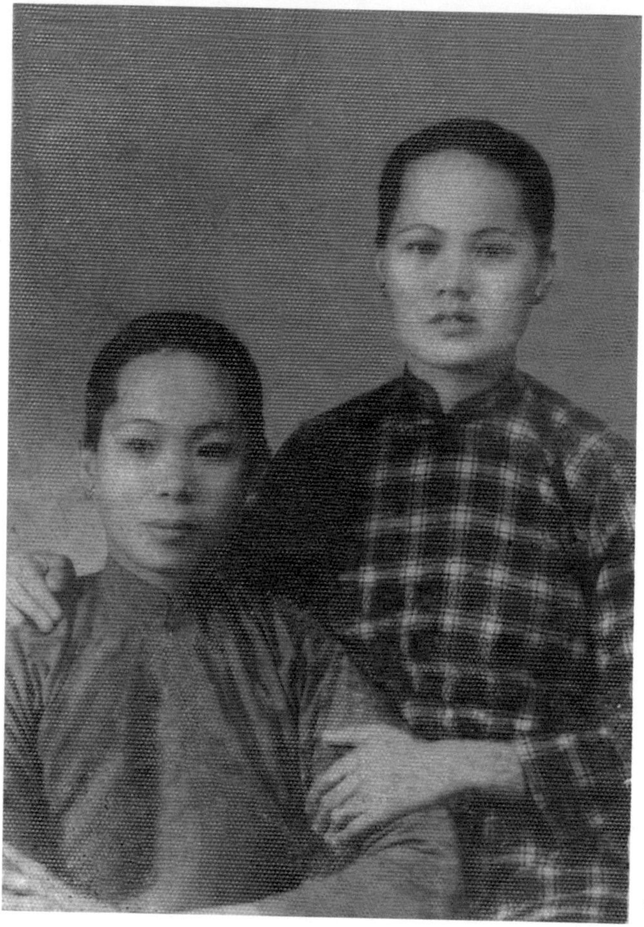

如果我阿媽

印象中，阿媽失儀只有兩次。頭一次，坐在我們與禾堂、牛房、豬房、雞房、穀倉與大廚房相連的平房組屋門檻，清楚記得媽拿下頂上絨線編成的紅花，眼淚大滴大滴掉下來，繼而失控狂哭；抱着她的手臂喊：媽、媽不要哭，誰人欺負你？誰人打你啦？路過的人都望過來了，媽、媽不要哭……

這串畫面非常深刻，歷久常新。可能未滿四歲的我，應該未上幼稚園。後來片段重組才了解阿媽當時從早逝的外婆喪禮回來，憶母之餘，還有踏上今天不少大學生仍由父母伴讀年歲的她，已是五子女之母（幼弟出生在外祖母離世之後），無奈面對家變；箇中難堪、淒涼、落寞如何細訴？趁追悼母親，一併崩潰。

童稚認知，哭得淒厲，莫若被阿媽體罰；所以問她，誰人打你啦？

另一次，自己已中三，母親着我幫她搬運兩大箱、用當時標準新奇士橙牛皮紙盒裝載各式書簿並生活雜物，然後以牛皮紙再包蓋的 Parcel 送到郵局，寄給遠在加拿大 Kingston 唸書的二姐。她是我們眾多姊弟離家的第一個，我們從未寄過大型郵件的經驗，舊時物質怎與富裕今天比較？能寄多少盡量寄。

首次面對子女生離，雖說堅強，我媽午夜夢迴、寒冬大清早弄瓦鐣臘味煲仔飯讓我們吃個溫暖才出門上學，忽爾驚醒：啊！其中一個不在身邊囉。（數十年後還要白頭人送黑頭人，不止一次；先三姐，再待十多年是二姐，之後我媽本來強壯似條牛的身體狀況，漸次愈下。）

當年大型郵件重量不得超出二十二磅（二十一磅？），我們都在家小心量秤過，誰知郵局的老式量磅顯示超重三安士，不及格，需重新分配包裝……前半生扛起兒女成長責任，承擔一頭複雜的家，我阿媽精神多緊綳不用說了。一條心，就是將面前女兒需要的生活雜物寄給遙遠的她，忽以極速手勢將包裹解開再弄，神態完全忘我讓兒子的我嚇呆，更不顧慮郵局內旁人眾多，被注視、多難為情？

像我四歲，面對阿媽崩潰號哭在旁搖着她的手臂勸阻：媽，媽不用急，今天過時寄不出，拿回家，明天再來過……口中念念有詞，她說：你二姐有需要的啊，一定要立即寄出！

屢勸無效，直至她早約好的外公出現。見女兒情緒激動，外公低聲相勸：

雲，不急，時間充裕，讓智幫你，先休息一下……

地老天荒，那是我記憶中，在街外，人來人往，我母親最最最失儀的一次。

與上星期六，自調景嶺開出前往油麻地的地鐵車廂內，一名母親沒完沒了全程提高聲線……對不起，是聲浪！誓迫全地車乘客聽到的腔口辱罵頂多小學五年班的兒子個狗血淋頭；我媽當年的失儀未免太溫柔。

懷念媽媽舊時滋味

媽媽過去端午節煮弄糉子種類繁多，是我童年歲歲的惦念！

今天，媽媽剛好離開我們整整四年。二〇一二年，農曆五月初六。不難記，剛好端午節後一天。

每年鳳凰木盛放，才記起媽媽離世前醫院病床窗外，放眼望去，火一般燦爛的鳳凰，重病中媽媽看着也歡顏。

龍舟鑼鼓叮咚響起，糉子飄香，端午節到了，媽媽彌留。

回憶難免傷痛時，猶幸歡快時光還多的是。

童年歲月生活簡樸，尤其農村的我們，依賴幾個大時大節將日子串建，農曆新年之後是清明，端午之後是中秋，然後重陽、冬至。西式生活並基督教誨漸入，聖誕節、復活節、母親節、父親節、萬聖節……老日子的節日與民生愈行愈遠，餘下除了食物，只有飲食DNA將我們串連。

你問七八十後，別說九十後，誰人懂得二十四節氣？除了糉子、月餅、臘腸……

不重要，世說新語，新世代自有新生活；畢竟能夠有舊時滋味支撐，幸福悠然。

祖母離去，包糉責任全盤落在媽媽肩上。媽媽走了，端午的口惠落在大姐肩上，一代一代傳下去。能夠將舊時滋味傳流下去，不讓流失，年中幾次得享媽媽舊時滋味，萬幸！

活着活着便不過節了

沒計劃如何過端午節，除了吃過幾隻糉子。事實也不敢吃太多，再也回不去開懷大嚼糯米做的食物，每頓糉子宴，一吃三、四隻的時光。

更沒甚麼計劃過中秋節。

清明、重陽掃墓必然用心用力，可那不是甚麼節慶，純粹與先人溝通的一個環節。

大姐約到他們家過端午，我說：有個午餐小派對在小食堂舉行，員工都必須回去與家人共聚佳節。

一個人，沒啥過節興頭，攬起圍裙上陣，當過節了。

媽走了，任何年節過來都失卻興頭，感情不再相同，連應節食品吃來都似失去味道。

除卻回去倫敦過聖誕節，如果甥女並他們丈夫孩子們一起回到格林尼治的安樂家。三姐走後，因為甥女，之後甥孫，還有尼雲家恆香的傳統烤雞，節，總算過得完整。

如果多倫多侄子甥兒甥女並他們的孩子們都能共聚元朗老家，那麼，過年才算有意義。

忽爾明白，年、節，是讓孩子們過，是跟孩子們過的。

當自己還是孩子，上有祖父祖母父母，周邊有兄弟姊妹所以那節日過得才有意思。成長了，過節如過日，媽媽走了，孩子們在國外，沒有小孩圍繞的節日，活着活着便不過了。

絕非悲傷，也非失落，心情平淡如靜湖似鏡，無多一毫情緒，走着走着路便來到這裏了。

神仙鴨

何解將酒釀兩天，蒸上兩小時神仙鴨分半，讓兩圍枱分享，而非原來款客整隻鴨上桌？

十至十二人一圍，從涼菜兩三樣到特選大條黃油凍烏頭、基圍蝦、南乳炸雞、炒雞飯，神仙鴨出場大家飽了一半，還有後面肉餅、蔬菜幾樣、炒長遠、自家堤拉米素……人客初遇大盆飄酒香鴨子先歡呼，然後一塊起、一塊止，自己看在眼內滿不是味兒。

朋友勸說：人家付錢，你賣貨，關係如此，理得吃與不吃？

雖云道理，這味神仙鴨關係祖父、母親與我隔個時空的感情溝通，取消這味招牌菜式可以，卻難忍被冷待。

「酒香神仙鴨」我們家鄉節壽宴必備之鄉土美食。

結果半隻鴨上桌，吃得光光，皆大歡喜，反正本來照九大簋的九盆菜，已增加至十二道菜，問心無愧了。

神仙鴨，我們自小熟悉的老家屏山鄉下人節慶菜，幾乎家家都會做，在乎用料多紮實、經手人付上多少愛心？

現今，我們皆蟻民勞動階層，父親之前，老實說句：縱使鄉巴，祖堂上下何止二世祖、三世祖，根本難數多少世祖總算背負幾塊菜地有閒階級，讀書當然最好，不然揿雀娶幾個小老婆，日夕研究煮弄幾味。這當中也非自扯，有研究、有文獻，好些年前中文大學美國教授 Dr. White 專研新界原居民歷史生活文化，告知：屏山盆菜屬「上盆菜」。

祖父絕非大花筒，卻是不少人眼中「孤寒鐸」，自己清楚，三件事將中傷性別號完全否定：祖父注重孫子女教育，過十名自中學送到英、美、加拿大繼續學業由他負責，當中一半皆孫女，那些年已實行男女平權費用不菲，隨時十間八間丁屋。

平素節儉，着衫 Causal，誰知祖堂觀廷書室清暑軒廂房衣櫥內整套整套 Cashmere、絲綢、細棉、薄麻……恤衫、西裝、鑲紫貂皮草長衫馬褂……！與

河海鹹淡水交界元朗，盛產烏頭魚。

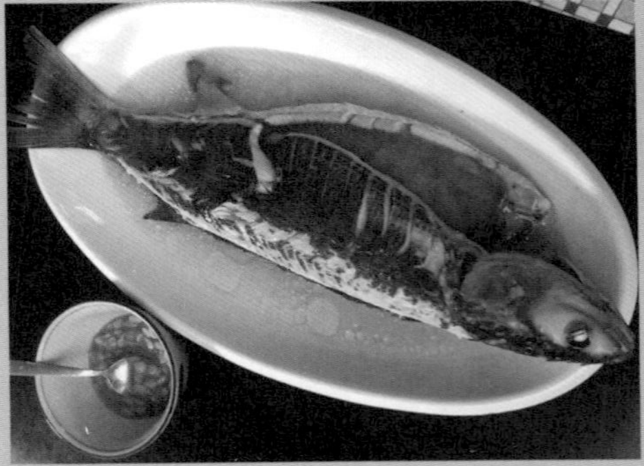

我長期穿一身黑，近期更加入Uniqlo粉絲團隊，爺孫遙隔時空異曲同工。

喜吃，家中經常宴請友朋，自家田土荔枝園飼養豬羊雞鵝鴨，還有蛇宴、魚宴，不時不食，與母親研究煮法、味道濃淡，教童年至少年出國前的我神往。

八十三歲離世，以為母親陪伴我們去到九十九。

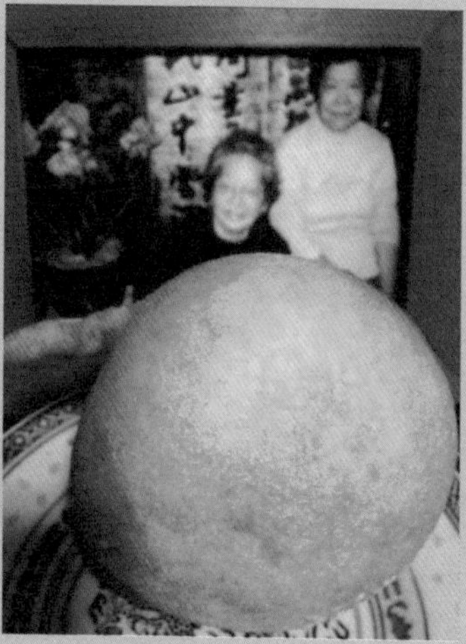

「雞蛋菓仔」：我媽特色煎堆以蛋漿灌入粉團炸起，做成小足球似的煎堆內部被蛋雲鋪蓋，外皮鬆化。

看着我們健康成長的族叔、顯裕醫生也曾懷疑我母後患憂鬱，這點自己倒否定，壽終正寢誰都逃不過，母親所想，為她生時也已做得一、二，表面看來阿媽收貨。神傷從何浮現？

是她胃部手術不成功之後去世前，精神曾經恍惚、恐懼，讓自己重新評估一直強勢阿媽內心深處幾許憂傷？今天準備退休之路由母親舊時煮食手勢建立橋樑，半邊神仙鴨的決定，人家不明所以沒關係，本來母子連心感情細則，何用上綱上綫畫得清清楚楚？

傷痕告白

八月二十三日，累極沉睡四小時突醒，腦子轉動那年今天晨光曦微，全球未暖化，北國八月底已入秋，風涼水冷猶如華南老家初冬，來接我時二姐執我手，眼淚流下，長途電話難打通的歲月，離家一段日子，見親弟猶如祖父祖母母親並眾姊妹弟。從小獨立不太合群，叫弟們不敢隨便親近、尤其考試近。

離家負笈，等待學校接納與簽證，時間投入教書積累多點旅費，那段日子，被自小狠狠調教的我們才首次感覺二姐的溫柔。初上中學，教我書不用死讀的真義，此後功課不求人。

接機臉寫真情告白，感染日後姊弟們歐洲北美機場接送不鬆懈，緊守崗位，家傳脾氣再剛烈、為免阿媽掛心，盡量相親相愛。因應前因，死硬背負兄弟之義，旁人來勸，不只一次：適可而止！

未曾聽好，禍延傷痕纍纍。

二姐。攝影：二姐夫夏昌時。

那年八月二十三日，時差十二小時，喪屍般隨二姐走過多倫多大街小巷，登打士街灰狗巴士總站背後那家餐廳名字叫金龍？金山……？吃了至愛肉絲炒麵，嚇窒我；用的竟是A版公仔即食麵，怎似老家祠堂廣場邊小茶樓鑊氣十足、堂妹與我愛吃的脆炒肉絲麵？當年老家一元二角一碟炒麵，多倫多賣二元四角、乘六幾乎七倍的加幣。

二姐說：今天吃個痛快，回到上課的京士頓，一個Dime、Nickel甚至Penny需省用（唸數學、日後會計師口吻，換了大地之母三姐，只會勸吃、吃、吃，啥都勿管，盡情吃！）稍頓，「今天是我生日，搭乘凌晨灰狗直奔多倫多，再而機場上度過……」

多年前今天晨光第一線，二姐機場接我，再而告訴那是她生日。自此將這天牢牢記好。

三姐早逝；我心永難縫合的傷口。二姐跟病情搏鬥，拒絕醫生建議的治癒方案，為博親眼目睹兩兒成長至大學階段完畢。到達目的含笑溘然長睡，雖則不捨，絕對一份正面人生，傲視生死：到達彼岸她捨得。

噢二姐，如果仍在，失落至極時刻定必教我如少年昔日處理功課心得，減少我揪心；你與三姐遠遠在天邊眨眼，如今只餘麗儀姑姐從倫敦寄來暖語……

You have great coping mechanism. Just soldier on and take each day as it comes. My ears and shoulders are always available by remote control. Remember that!

夏至疤痕物語

數千年前的曆法計算，不止東方，西方亦同。十二月二十二日偶爾一日提前，是為冬至，這天之後，太陽回歸北半球，長冬漸遠，陽光並溫暖重臨，中東地區稱為光明節，跟我們說法相同：冬大過年，大事慶祝。

夏至，今天，六月二十一日。例必晴天萬里連續好幾天，廿三年不短，沒半天忘記，那年倫敦夏至同樣藍天如洗，玫瑰藤從地面一直探到深切治療病房窗前，迎接晨光，鳥兒展翼劃破長空鳴唱。

疤痕不等如傷口，裂開的傷口痛楚流血，嚴重者血流汩汩不止。若非死掉，血必止，除非發炎，傷口終究成疤痕，久而久之，淡忘。

永不磨損是疤痕，沒事沒幹，根本不留意它存在，必須特別時刻，情緒鬱結，午夜夢迴忽爾冒出來，將前塵再認，情逝如是，人逝亦如是。

桂（三姐），早逝的你切割在我們心口的傷口待多少年月日始漸轉結痂？很

三姐全家福。攝影：三姐夫 Bren Nevin。

久，很久！

並非傷口自身，而是我們拒絕傷口縫合，只怕它一旦癒合，你會從我們中間蒸發，真真正正永永遠遠漸行漸遠，最終消失。反覆發炎爾後成疤痕，這傷口曾經碰碰都痛楚難當淚如雨下。人死如燈滅這句話只能套用到自己身上，當自己倒下化為烏有，那燈便熄滅了。只要有生的一天，心間你那盞燈定當繼續燃亮不滅。

決定將生活改變，終止多年至深宵凌晨不睡的壞習慣，晨早七時之前，已走在村子裏的河邊、山腰。如果你仍在，我相信你也看到，過去良田阡陌河道山林的故鄉已經巨變，未來的日子會變得更厲害，久未歸來定難再認，連尋一條完全沒汽車經過的寧謦小徑也不容易，老家的面貌變得愈來愈惡俗，清水游魚，採荷摘藕，松山聽鳥鳴的老好時光真正如燈滅遠遠離我們逝去。

不想與時並進，只好在有限小小世界裏進行自己的活，將電話放下留在家中，路上讓眼耳五官四肢全神貫注每天清晨散步並慢跑的日程。回家路上，沿途礙眼的垃圾一件件處理，不敢說清理多少，盡力而為吧！如果你在，肯定會與我並肩前行，為老家作一點事，縱使只是一點點。

那年夏天風吹蟬鳴

晨早真好，太陽剛升未久，涼風習習，走上廿分鐘不冒汗。太陽略高，盛夏溫度跳升，逼起陣陣蟬鳴，走進大樹林蔭，猶如蟬鳴谷，急切求偶擦起蟬翼發出雷轟聲浪。

蟬伏十至二十年，自樹皮泥土之下破繭而出，生命不過一轉頂多兩轉日出日落，過不了第三個太陽。以每分鐘計算的生命有崖，更顯珍貴急速求交配，不為享受性福，只為傳宗接代。交配成功，將卵子埋伏泥土樹皮底層自己身先死，十多年之後子孫能否得見陽光？看造化。

這生命循環過程吸引古代人類，文明古國或多或少對蟬伏既敬且神往，中國古文明中沒缺，深信有今生有來世的埃及人尤甚！

近兩小時速步前行，沿途蟬鳴浪濤震撼，憶念跳回那年夏天台灣極南風吹沙，比高雄還要南，應該說東南角，與香港緯度相同，即是香港往東直航，便是風吹沙。盛夏陽光遍照，我們騎着綿羊仔電單車從墾丁出發，沿海岸線前進，左邊是農田山林，右邊或時農田果園或時海灘，薰薰海風爽爽地吹，偶爾聽得浪濤，絕大部分時間都被雷動蟬聲蓋過。就是老日子新界農村成長，包圍於無限田園風光，怎會對蟬鳴陌生？

就是不一樣。

之後回去過，一樣的太平洋一樣的海同樣的浪，感受沒回頭。許是那年南台灣夏天，風吹沙並無盡薰風海浪只此一次，那蟬鳴特別淒厲，特別難忘。

人生如債還完好走

父親病重，遠居國外原本回來探親的朋友，變作貼身看護；久未承歡膝下，心算可能老人最後一抹餘暉，樂意暫時放下國外家小接受恤親任務。

久未與家人貼身共處，老人家說法：細時兩兄弟，大個兩家人。

弟兄姊妹本是同根生，尤其那些父母感情破裂或生死離散個案，家庭長存重疊矛盾，屋漏兼逢連夜雨，舉目無親拉扯成長，理應守望相助、相親相愛？現實並不如此，家庭是一道重創，傷痕纍纍永難完全癒合。

差異在於有人將傷口收藏，以事業、以理想、讀多點書用到正途，助自己明理，將傷痕淡化。可惜有人將傷痕無止境展示人前，歇斯底里哭訴，將仇恨加碼膨脹，時刻灑鹽。

好運遇上了解、明理伴侶，就算未能將傷口完全癒合，每每發炎流膿，即清理療傷，不讓加劇。可惜緣份安排得個敲鑼打鼓、搖旗吶喊壞心腸，兄弟何

十六歲農曆年與祖父母攝於屏山家門前。

止轉化兩家人？鴻溝愈切愈開，甚或勢成水火，三代人老死不相往還，朋友未幾鋪文……

捏造事實、無事生非、自私計較、冷血無情、丁蟹化身……魔鬼一直存在，竟然無知無覺與之同行數十載。

自問未夠卑鄙、未夠奸詐、未夠邪惡，切勿與之同行、切忌與之糾纏，長久互鬥，自掏卑劣心腸，久戰成魔，自我賠償以沉淪。如非魔鬼從同一條腸生出來，就是一天朋友都做不了！

讀過，明白文中所指；甚麼叫同一條腸生出來的。

天使與魔鬼同皆上帝設計、創作。就是我們自己，何嘗沒有幾套面孔？性格遇上不同情況、反應版本怎會沒差異？邪魔、正道不過一綫之差，因時因事而異，這刻天使，轉個彎、不同角度，即變魔鬼。

魔鬼從來被指 The Fallen Angel；墮落天使。

同樣，天使何嘗不可以是升呢版魔鬼？

堂妹近年喜聽佛偈，人生哲理有些得着，倫常見解：父母縱容子女，如取如攜。

兄弟包容同胞，付出無道。前生積業障，此世償還……一天，兄弟醒了，包容化整為零，他債還夠了，到此為止，還完，此後是天涯。

一天，老人癡呆，父母除了對你傻笑一無是處，他們前生的債快還完。

向前幾步，父母一命嗚呼，走啦。

債主的子女們、弟兄們，債仔走啦！好自為之！

汪洋中的平衡木

每日金句：「人家鎅你一道傷口，切莫自己灑鹽！」

「人」字一邊長一邊短，告誡人生路忐忑不平，如何保持平衡走下去？真大學問。

好朋友勸導：萬事以親情為重……誰個不知道？

可惜親情二字往往根本糖衣毒藥，一劑一劑以為習習親情薰風原來將自己身心、事業、友朋關係全數搞砸。他們至懂得你親情善意的弱點，利用至盡，利息利疊利，永難還清。對家乾手淨腳，就收親情利息一生不愁衣食，長收長有養過世。掉個槍頭，竟被勸勉「以親情為重」？

遇上不得已，關連本來至親友朋拍檔的合作出狀況，老同學們勸他無謂傷感情，不如放下、停止、退出？

斯里蘭卡。

突爾彈起，反問：「你們不認識我？從小相識幾十年，何時遇到外來不合邏輯、不合道理的衝擊而撒手退出？

「如若如此，老早在自己的範疇內消失無影無蹤，如何走下來，你們以為江湖是一大塊棉花糖？大家比閒人都清楚，如非支離破碎，絕對不退！

「江湖二字都是三點水，根本一片汪洋，如何在搖晃中間如平衡木般保持身段，不偏執，不被同化？那艱辛絕對血淚連篇。各位看到猶如幸福的表面，背後辛酸難以細表，是朋友的，默默為我祈禱便好，切勿勸告退出！」

默默為他祈禱，但願內心得安穩，安安靜靜扁舟漫過萬重山。

好一句「汪洋中的平衡木」，內心必需平靜，莫受激情衝擊，滿心苦惱與仇恨，心腦完全被對家俘虜殖民、統治，未戰先輸。

自口中、筆下記錄投訴、謾罵，掉頭回看，原來穩站道德高地的原告在不斷的指摘、控訴中變成弱者，傷口是人家鎅的，但撒鹽卻是你自己，最終心理與位置雙失，哭都無謂！

南洋，一年一度燕歸來

如果熱愛張愛玲小說，南洋聯想，肯定相關范柳原。

並非早慧，曉得讀張的作品已上高中，我的南洋印象非第一手資料；祖父年輕時跟他六弟（我們六叔公）曾經追隨他們大哥（我們大伯公）、上世紀民國三十年代吉隆坡同善醫院的醫生，學習、居留過好幾年，對當年南洋風物有起碼認識，生活細節與平常老鄉亦見幾分不同。

那些年的新界，一般人家不要說習慣，根本不會在家中喝咖啡，若祖父閒暇在家，總愛搬出一套煮弄咖啡的架生，在天台上慢慢撚煮，沖落小杯讓我們姊弟分享，雖然那種苦澀來到成長之後才分辨出是甘香，夜空中瀰漫有別一般的氣息着實吸引。很多年後，先在新加坡，後在吉隆坡、檳城、怡保、馬六甲街頭喝過人人一天幾杯當地叫「Kopi」帶甜奶的咖啡、加冰叫「Kopi 冰」，也嚐過無糖無奶黑咖啡「Kopi Or」，那種濃濃烈烈異香就是祖父在我們童年飲過的滋味。

仲夏夜飲咖啡行動，祖父往往換過南亞人慣穿的沙琅，點一根香煙、甚至呂宋煙（實質來自古巴）悠然自得，那情景便是我童稚眼中的南洋。如果有親人，主要大伯公大伯婆或他們兒孫輩從南洋回家探親，家中突然增加了色彩與氣味：女孩子用來裁製衣服的Batik印花布，鮮活亭亭胡姬蘭，鹹甘檸檬，肥美炭烤豬肉乾，椰子雞蛋Kaya醬，被視為口舌恐懼、封為神枱貓屎的榴槤糕，如果好運，還有空運自帶馬來榴槤。

當絕大部分人可能連榴槤是甚麼物事都未分清楚之前，童年的我們，早得訓練，甘之如飴。南洋風物，地名如新加坡、吉隆坡、馬六甲、檳榔嶼，甚至婆羅洲、婆羅乃、砂磱越等等不單止瞭如指掌，自小充滿憧憬；年長了，先自工作切入，再而旅遊，猶幸檳城、馬六甲、怡保、古晉等等名城的老城區雖難保不發展而改變，然古貌仍得大部分保留，每次再來，總會尋得不同領域的南洋享用兼帶點點回來，期望下次再去，一次一次直到南洋二字消逝。

面朝大海殖民地飄香

可倫坡……一口撳釘按下去。

京都、上海、西貢、金邊、新加坡、吉隆坡、檳城、仰光、可倫坡、孟買、亞丁……也及紅海、開羅、耶路撒冷、伊斯坦堡、雅典、羅馬、維也納、薩爾斯堡、大溪地、悉尼、紐西蘭、秘魯、玻利維亞、南美ABC三國……

地圖上魂遊四海自此不離不棄，成為自己過小日子的樂趣，至今未減。

那時小學三年班？還是四年班？

祖父買給我一冊世界地圖、一冊中國地圖、一張頗大的世界地圖。他拿着一盒撳釘，逐口逐口按在我曾聽過名字的地方上，例如吉隆坡、新加坡；也按在感覺有趣味的名字上，例如亞丁、可倫坡。然後逐個逐個、隨年輪增長，幾乎都去過了，一些地方更不斷前往，去極不厭，例如耶路撒冷、京都及檳城。

斯里蘭卡可倫坡日落。

並非遺漏了可倫坡，一而再再而三準備上路之前，例必被旁枝旁節影響將行程取消。

最近的一次是四年前，老早將行程安排，然而從非洲及歐洲回來後，身體說不出的不舒服，終於放棄；原來大腸出事亟需立即做手術將部分切除。

命運安排，上述童年計劃的行旅目的地幾乎百分之九十九獨自完成，斯里蘭卡那麼近，國泰直飛航班五小時不用已達可倫坡（斯里蘭卡最大城市）；沒計劃，它自自然然排在最後，等待一個知路人同往。

「殖民地」三字本來一點都不馨香，背負其原屬國之衰弱、無能；經歷時光及經營洗禮，大部分原本默默無聞、與管治國十萬八千里外孤灣小島，搖身一變魅力萬千。「可倫坡」這個名字源自大西洋畔伊比利亞半島殖民統治者，紀念尋覓前往印度之路卻找到西印度群島、後人發現整塊南北美洲的哥倫布。有朋友專注殖民地旅遊，認為混血地段富獨特 Fusion 風景、文化與歷史。可倫坡的玻璃幕牆高樓大廈漸次淡入，市中心無敵印度洋海景大興土木建設的賭場，隨簡體方塊字，從機場到街頭沸沸揚揚湧現中。

斯里蘭卡 Galle 占城。

戀殖之旅

決定春末去斯里蘭卡。之前安排過兩次，其中一次機票已出，身體不適，唯有放棄，浪費了。

國泰航班前往可倫坡的時間安排並不理想，說是七天，晚機去早機返，實質只有整五天，頂多五天半。然而國泰之外，也沒有更佳航班前往這顆綠色印度洋珍珠。

同伴曾到此間參與泰米爾之虎游擊隊戰爭時期醫務義工，有感風景優美，戰事平息後再回來旅遊，對路程有起碼認識，傳來網上圖片，嘩！殖民味道濃厚，海島原生態、帝國華麗氣派與歐洲建築特色混成一體，風格非常獨特，與Indo- British 殖民風格接近，卻不一樣。

旅行目的地，有人一生一世只得一兩個；恭喜你，長相廝守類型。目下不少港人專心一致次次泰國，純台灣或純日本也普遍。

有人喜歡不斷Explore，更是孤單一人登陸新風景；未必花心，心思放諸四海上天下地也是一種人生的專注。

自從小學四年班獲祖父贈送中國及世界地圖，童年建立讀地圖的濃厚興趣至今不渝。

跟好些朋友經歷相似，用大頭釘按在成長後必去目的地，到圖書館、書店打書釘也以這些國度為大目標。那時沒特別留意，直至最近準備前往斯里蘭卡，才醒悟過來：童年所知國度、地區大概來自書本，內容當然以曾經或仍為大英帝國殖民地或英聯邦國家為主。大頭釘刻劃的名字：檳榔嶼、吉隆坡、新加坡、仰光、可倫坡、新德里、孟買、阿丁、開羅、特拉維夫、耶路撒冷、蒙巴沙、開普敦……一直去到里斯本才與非英屬地接軌，最後才回到倫敦。

自小學時期可倫坡一直徘徊心間，不到此間不放手，能教化眼界放諸四海，這殖民教育還有它一定可取之處！

沿着心聲可倫坡

有人放開目下生活，遊走南亞島國尋找曾經放棄那人，不存過份期望，盡力而為如是說：得者我幸，失者我命！

《斯里蘭卡　低調奢華》這個書名不敢恭維的並非斯里蘭卡，而是「奢華」二字，更是惺惺作態的「低調」。許是目睹十數年前開始急起直追的大陸，全民誓要登高作富豪；做有錢佬必須相應架勢配合，媒體一條心將奢華這個原屬貶意的詞彙既捧且炒，無處不在、無日無之，務求一夜之間將黨本來一窮二白還富於民、變強國。瞬間人人拎着、揹着名牌貴價包包做奢華強人之餘，當中還有俗到不能、讓見者暴斃的類別，取名：「低調奢華」！

大剌剌的奢華便算囉，還要巧立名目另加低調？

是自己對書名存芥蒂，與書本及作者金鈴無關，內容倒豐富，是少數以中文出版印度洋上獨特島國的可靠導讀。

斯里蘭卡南部古城 Galle 沿海掠影。

卷首語中兩句特別認同：「有時候一個人選擇了行走不因為寂寞，僅僅因為聽到了心底的聲音。」

沿着心聲去旅行，這段遊走印度洋香料島嶼的心聲隱藏久矣。再過幾天出發斯里蘭卡，有朋友問：單單斯里蘭卡？對面便是，何不也去馬爾代夫？

馬爾代夫漂亮，但沒山的地方不太可能是我的選擇；天天泡在海水裏有水沒山大煞風景。侄兒新婚，剛剛度蜜月去過馬爾代夫：大興土木，都是中國的發展及建築公司，遊客也以中國人為主，除非去較遠的島嶼，不然漸行漸變作另一片海南島！

是名字的關係？可倫坡三個字很吸引，長大了，一定要前去，是少時夢想。

可倫坡這個名字自數百年前，伊比利亞半島的殖民統治者為紀念哥倫布，單單歷史背景已是一道吸引的風景。它位處赤道，終年常綠，與大自然、海洋及佛教的氛圍環繞；要去快去，「一帶一路」來了，中國人的影響力來了，大興土木、插翼難飛！

新加坡著名咖喱泥蟹，源自斯里蘭卡，現在當地也開設不少以咖喱泥蟹招徠的高級菜館。

MINISTRY OF CRAB

老荷蘭醫院咖喱泥蟹

老荷蘭醫院（The Old Dutch Hospital），名字說得明白；繼葡萄牙人之後、英國人之前，曾經是殖民斯里蘭卡、荷蘭人建立的醫院。

現在是六所餐廳並酒吧、兩家本地特色布料衣服精品店、一家珠寶店、一家 Spa，頗具精緻品味的集中地。

標明四百年，相信也沒必要誇大，肯定為可倫坡至標誌性的 Iconic 建築物之一。

乘坐猶如老曼谷摩托三輪車改裝輕便的士（Tuk Tuk）下來，眼前好大一串院落，巨大雞蛋花枝葉茂盛植在大門一邊，想它年份不少於七八十，highlight 了背後奪目泥黃色屋牆。

至迷人還是泥橙色金字瓦頂，一片排列有致橙瓦通讓人聯想起前荷蘭殖民地檳城、印尼殖民時期老建築物，以及葡萄牙首都里斯本及巴西不少城市老區老建築。是荷蘭人？還是葡萄牙人留下的痕跡？都不重要，不論誰人已成歷史。

來老荷蘭醫院為了吃泥蟹（Mud Crab），新加坡馳名咖喱蟹的主角；源自斯里蘭卡。這店子叫「Ministry of Crab」，由享譽亞太區名廚 Dharshan 主理，除了泥蟹，還有蜆、墨魚、特大帝王蝦、藍蝦、龍蝦，以咖喱、胡椒、辣椒等等炮製。雖然跟咖喱王國印度食制靠近，島國斯里蘭卡自古以香料馳名（Spice Islands 一員），位處印度洋中間，海鮮種類繁多，烹調手法與印度超時煮弄的方式與味道具明顯差異。

入選亞洲五十大餐廳，Ministry of Crab 的收費為可倫坡前茅。但與香港、新加坡比較，着實公道。不論以咖喱還是黑胡椒調味，味道恰到好處，將蟹肉的滋味精髓清楚交代而沒有白白生葬在香料的濃烈。

四百年老荷蘭醫院、獨特懷古建築物已是一道精彩風景，另加高層次泥蟹美食，深覺不來一頓開懷暢食，斯里蘭卡之旅大打折扣！

上路只爲歸途

看了我從斯里蘭卡攝回來的照片，朋友感嘆：就似熟悉的家園，風景拍出感情，一種熟悉的溫馨，而非匆匆路過玩樂遊埠到此一遊！

剛剛回到倫敦，例常程序，將行李放下，與家人尤其小小人兒們擁抱問好，拿了禮物即到鄰居、陳年摯友提摩太家跟他們夫婦打個招呼，茶、酒之後，三人或二人與狗前往我們的最佳鄰居：格林尼治公園（Greenwich Park，棄用傳統譯法「格林威治」，從W發音不正確，理應從N），散一回好步。

黃昏近了，雖然過了兩星期前櫻花盛開，纍纍不少仍繫於樹上；紫藤裘裘，金水仙謝了，換上一片片雲朵似的眾色鬱金香，百合含苞待放看似不起眼的谷中百合靜吐芬芳……猶似Nuwara Eliya，斯里蘭卡高山上茶園境界。幽靜、安閒、英式鄉村園宅連綿、樹木豐茂，尤以玫瑰繁花似錦，跟眼前春末時節隔了半個地球不也一樣？

踏上旅程，不止上路，而是歸途。

小小表姊弟Frankie和Leo。

倫敦這一角，從格林尼治標準時間的觀天台，一旁可遠眺泰晤士河自聖保祿大教堂向倫敦東界（East End）延伸，幾乎無一新建築物的年代，來到今天外形各出奇謀滿眼新大廈；看着它們如春雨後野菌，它們也看着我淡出淡入從小鮮肉到臘肉，掏出手機，將春花並日之將落的金黃攝取；提摩太看着、微笑着：閣下鏡頭下的照片何似旅人？

情同土生土長！

與托斯干納（Tuscany）並翡冷翠（Florence）與錫恩納（Siena），雖然情感上有些距離，在情在理：倫敦，始終是，我的第二故鄉。

放下手機見卷軸

早醒清晨，還有不太早醒、無事追趕的早晨，都會出門繞着村子急行，多者每週五、六次，少者不會少過三次。

習慣了，一些早晨起得太早，又或人懶散，心思賴床，身體卻起來穿鞋，外出，一走個多兩個小時，心情漂亮起來。

這種急行有別於慢跑，老早五勞七傷，不宜跑，不然傷膝。（前輩指導：莫開大步跑，宜跑小步，將力的重點從膝蓋瀉下，減少傷膝。）

跟一般聊天散步亦不同，將電話並任何電子資訊儀器放下，回去沒有手提電話時。必須一人獨處，切勿與人同行。時代進步，難得偷一刻心無旁騖。

不論路上、火車、公車、地鐵車廂都人頭攢動，可人人低頭埋首手機，眼睛、耳朵、鼻子、天生對周圍的覺識等等，全數喪失天然本能，與周邊人、事、物零溝通。

並非筆者誇張，路上、車上人人猶如喪屍般，被手持的小方塊電話所控制。所有知識手到擒來，已失吸收與反思能力。

像今早急行，雷暴並黃色暴雨警告下，還未被各式高樓大廈覆蓋的環境，天大地大，山雨欲來風滿樓，整片烏雲籠罩，如潑墨滲染；留白、淺灰、中灰、深灰、炭灰在不同深淺、不同形狀下滾動。放下手機，全情融入，一個多小時，人動、天移，浸淫在巨大無朋卷軸中，心曠神怡！

見好就收

見好就收，包括生命！

同窗歲月，自知不足，相比老友唸書態度，的確比我輕鬆。避開他們桌下金庸刀光劍影、拳來腳往的武林；上課獨獨揀個單邊位，自選留心課文還是窗外大操場閒人風景，無損我們幾個下課永遠黏在一起的感情。週末逛街從旺角逛到尖沙嘴，從中環逛到銅鑼灣；從中悟出真正友誼無需作應聲蟲、更無需捆綁一塊做糯米糍。各投所好，無謂苦苦糾纏；保留空間幾小時（日後）再聚，分享趣味好相見。

我先飛加拿大，他後飛英國，往後飛越大西洋，尋老友聚首暑假一樂趣。當然，無阻自己乘火車自里斯本至伊斯坦堡的獨自旅程，堅持各自空間的友誼信守。考過大學最後一課試，即飛倫敦續學，那裏有我至愛三姐與牛仔老友記。

有事，他先回家。讓他明白我這個少年書友深諳沉默之義：私密由他自己說去，多深厚的友誼，也無權代發言。

十五、六歲的我們：筆者、Ben和Cowboy。

一九九三年，三姐桂潔早逝，猶如天空破開永不修復的裂縫，餘生永恆傷痛。帶着妻子女兒回英國度假，牛仔趕及見她一面也參與了喪禮，然後帶着哭得沙啞了嗓音的我遊車河閒聊到 Canterbury 暫且將傷痛擱置。

黃太跟牛仔死黨我們飯敘。說起數十年感情點滴，可能早清楚病情另加高 EQ，心情恢復極速。好一句：見好就收！

牛仔福氣高，出生在五個姐姐之後（傳說世伯聽見初生老五又是個女兒，當場激動得暈死過去），甫投胎獲萬千寵愛。往後起伏跌宕不大，處身人際關係頗具挑戰的警隊大半生，大眾看他：只有朋友，全是朋友。同窗歲月何嘗不一樣？不論厚薄全部朋友，零敵人。

牛仔跡近完美人生有賴遇上 Julia，成就一生的中心 Core；她是愛人、朋友、妻子、伴侶，功能全面性，大半輩子幸福滿瀉。黃太這樣說她丈夫：「一生福杯滿溢，見好就收，雖然仍算壯年，早走了一點，始終有幸，無謂經歷雞皮鶴髮老病糾纏！」

能看透「見好就收」，釋懷若此，大家放心。

鳳凰花落。攝影：李健雄。

你先回去我們稍後跟上

您先回去，稍後，我們跟上。

少年同學、浮生摯友面對悄然浮面惡疾幾乎沒商量餘地，對抗過，無功而回。從斷症到玉石俱焚不過幾個月，家人朋友明的正面鼓勵喊加油，暗地裏哭泣祈禱重疊多少次都無奈，時間到了，他必須先回去。大家心知肚明時間近了，每次探訪深深再一次握手、擁抱，甚至輕輕用手指在額頭、面上揩過，留下半分已然不再溫暖的體溫，只怕再來探望時，已無緣此界聚首。

難道我們懵懂生死有命壽緣已盡的現實？只是生老病死的無奈突然埋身襲來，我們不忍。在我們眼中他一直演繹着幸福人辦，正當人生至幸福的時刻到來，幾許人家艷羡夫婦二人海闊天空世界無邊界遊玩之際，初起時幾乎不為意的一點點不適，發展開來幾乎掉以輕心。

怎麼不會掉以輕心？從來健康好動生活正常，至重要家庭和順、身邊有伴二人同心，減省多少人間憂傷？

記得他在英國居住時，如親姐般親厚的好朋友（我三姐），曾經向她丈夫笑諫：莫將幸福說出口，太滿則轉虧！信否不信否，未幾我姐重病，幾年間受盡手術藥治生離死別之苦，最終撒手塵寰。

大半輩子的摯友去了，觀時光荏苒，首要任務，從一些家人朋友聊天群組中退出，臉書微信八卦也淡下來了，啊……時間所餘有限，過去人情銀両付出當流水；無情好、有情也罷，人與人間人情轇轕是時候能斷則斷、能放下盡放下，不然海闊天空遙遙無期。

活網絡世代也好，不用兌現的平台讓各式人等以真實可以、完全虛擬展示靚樣正身材、生活水平、工作能力等等條件交友、不少淫約……貨不對辦又不用付款，交往與否又不用實體行動，感覺無聊？只消按掣，一筆勾銷，自此從群組、從 Apps 消失，回歸網絡星宿海！

人生亦如是，時間到期，操縱按鍵的不是人手，上面存在着比凡人永難接觸的力量，未曾說句：一路走好！一觸即逝。

片時歡笑且相親

年輕時摯友：筆者、Lenny及Michael。

朋友走了。

早着消息人士在網絡發放悼文，無意瞄到，嚇一跳……怎麼可能？鮮鮮活活的一個人從此消逝。已知病歷前科，還是隱藏暗病？

知道也好，不知道也好，追查無補於事，那人從地平線上消失，徹底消失，只餘灰燼。

輕狂歲月，曾經在地球不同地域的兩個點相互交叉過，發現彼此如此不同，然後各奔前程。各佔地圖發光發熱，專業上曾亦再次遇上，熱烈寒暄，握手擁抱，約見飯敘；然後各自返回本來軌跡。

「某某走了……」就這麼一句，血氣流通的實體不會再遇上。

世上不斷有那些用輕生力挽情感狂瀾的蠢蛋，都看不透心留不住，無論發甚麼樣的功都不會留住，縱使奉上生命，換來一句：呀，真傻！可會有人滴淚？

也會有，幾陣風吹過，迅速乾爽。

就這樣走了，成為過去式。

曾經專業外觀的一個人往生了，喪禮必然美輪美奐，清一色白花：湯碗口大百合、荷蘭飛到白色鬱金香、非洲肯雅高原純白玫瑰、法蘭西象徵鈴蘭（Lily of the Valley）……猶如生前舉行任何一場時裝表演。出席喪禮少不了明星名媛、美艷有型模特兒、時尚達人，Ball 場勤奮打咭運動兒都不會少。

他的心未必如是。活色生香的背面，也亦有累時。

再見了老朋友，抱歉我們在那麼長的日子裏不再掌握機會熱烈碰頭，往昔的笑聲隨空氣消逝，未得機會說一聲再見，時間就此凝固，你先走幾步，我們隨後報到，如此而已！

對老屋牆壁縫隙長起來，看似荏弱其實生命力強勁的羊齒科植物特別鍾意。

勿嵌缺口

K與J是我心口永不磨滅的傷痕、遺憾。

知道你重病了，眼淚告訴我原來在我心口你的位置有那麼重要。死黨們比我成熟，他們的安慰，提供的治癒資訊都更實際。我，只是焦慮、不安，動作只有擁抱。

午後密雲，兼顧原來密麻營生另加店子瑣碎令人累，跑到附近僅餘一小片原來水土菜田放鬆，一抹金紅橙黃從不同層次的灰色中攝出來，襯托快被新屋苑遮蓋的天際，猶如缺口，它留下來，將完整的天際破開一道裂縫，此後不完整！

不要鑲嵌這口遺憾，求求你！

知你治療過程痛苦，切記撐下去。縱使老友記如何心繫、如何關懷、如何每天詢問病情，最終，加油靠你。

雲密日落西山，天色昏暗，彎彎溪流小水，菜田、蕉園、番石榴，還有幾棵雞蛋花（Frangipani），縱或未寒冷，已入冬，原熱帶大葉植物勤奮將葉落光，只餘形態獨特枝幹光禿禿，樹頂還留下幾朵雞蛋黃白顏色花朵將幽香浮動暗送。

C問：葉都落光了，花仍盛放？這不是一個植物問題，比單純花開花落略深。

難得單獨一人在家，將前一天我們談起冬天開花的問題與Handel、Albinoni與Pachelbel混在一起思考。

放電影前的廣告鼓勵民眾參與器官捐贈，輕輕細說：反正剩來無用，決定火化只餘灰燼，不如能送則送，益惠他人……

C醫生一刻凝重：還是要跟你坦白，癌症生還者（Cancer Survivor）不在考慮範圍……

沒有心實，開個玩笑：做肥田料還可以吧？老友記，除了樂觀面對，我們只有掘點老好英式幽默面對，如此而已；快快，笑笑！

被離棄是福氣

張愛玲離世於獨居美國，聽說孑然一身，室內無多餘雜物，購物袋內衣服幾件，冰箱內幾盒電視餐……死後幾天才被發現。

席間有人舊事重提，七嘴八舌，幾乎一致認為張命途多舛，薄命！薄命、張愛玲？這說法好不新鮮！

加入八味架鬥嘴席間：張氏死之Style跡近完美，如果兒孫滿堂圍繞病床，像最近離世、予人完美人生印象的中國影后陳雲裳，那是甚麼樣的光景？

普通人按自己追求生活的理想水平加諸別人，以物質多寡評定幸福指數，怎能明白張愛玲自我放逐的生活方式最適合她不過，隱世（Solitude）的深廣張力怎會隨便降臨在愚夫愚婦身上？

婚後十多年，人亦已中年，阿賓老婆走路，過程太密實無從細究原由。之

老家村子一角，藍天白雲與強頑生命力嫩芽構圖。

後並非不想只是對方堅決不往還，一切交託律師處理，兩年下來歷盡痛苦失落，煙酒失眠，簽字離婚。

走過感情死寂的幽谷，阿賓慶幸沒因失去一棵樹、選擇走進情慾腐敗森林。離婚局成，幾年下來埋首工作，重新活化年輕時幾則夢想，頗見成績。

先生你孤獨嗎？寂寞嗎？

阿賓：或時寂寞，但享受孤獨。一直以為二人早成一體，原來懵懂，不知她的心，錢財失落算啦，可想起共同擁有的靚車呔盤落在別個男人手上，才真正體驗甚麼叫憤恨。不過也已流水逝去，一人上路重新認識自己，自大學拍拖至離婚、從少年到壯年一直以妻為重，原來不認識自己，感謝前妻離棄，終於重歸自己！

新哥大情大性，一次又一次錢財與友誼被騙，卻無損交友原則：切莫對號入座，人人是個體，各自不同！

最近一次被騙得遍體鱗傷，從自以為心腹兄弟，到同胞親兄弟，到信守數十年友誼以為天下第一號知己，入侵生活、入侵生意、入侵信念，幾乎被入侵人身安全！

新哥傷心迷惘竟月，像每一次被騙被兇，再一次逐片逐片將碎片重整，收拾殘局，首先問自己：是我的錯，錯在哪裏？

真想賞他幾巴掌……

好心醒一醒，這些垃圾怎算是人，還將人家的錯包攬上身？

是歲月洗禮，跟過去因循法則偏離，新哥向朋友訴過幾次苦，猶幸經濟獨立另加從來打不死遇強愈強本能，迅速重張旗鼓，這次巨騙讓他感悟新啟示：被離棄，是福氣。

人、財、信念皆過眼雲煙，感激不論朋友、親人、同胞離棄，得回一身清靜。

千言萬語一回眸

出爐金球影后愛瑪史東（Emma Stone），自《姊妹》（*The Help*），《蜘蛛人》（*The Amazing Spider-Man*，超級大眼、眼神奇妙）以來，奉為新生代演員至愛（一九八八年出生，還未至三十歲，成績驕人），認定非一般淺水魚蛙，《星聲夢裏人》（*La La Land*）上映首天急不及待購票入場。

電影非常好看未必，震撼程度不及八十後導演 Damien Chazelle 前作《鼓動真我》（*Whiplash*）。前段略散，歌舞場面也未特別出色，自己年尾事多忙透幾乎睡着；戲過四分一，直覺導演有心如此鋪排，至此將浮世星塵、荷里活鬆散人事收窄，情節重點鋪陳回到男女主角賴恩高士寧（Ryan Gosling）及史東身上，戲味漸濃，兩個小時的電影淡入正軌，情節並非波濤洶湧感人肺腑賺人熱淚，就看演員將戲味慢慢散放，愛瑪尤其出色。

印象深刻還是去到戲終之前一段，度過事業至低潮，愛瑪好運迎頭，鏡頭一轉已然五年後；再出場，戴着墨鏡在艷羨目光下，回到當年當侍應的片場咖啡店，呼應戲始明星買咖啡情節；這次角色轉換，她已成功坐上一級寶座，客

前往威尼斯、途經日內瓦湖。

氣婉拒咖啡店送上咖啡，堅持付款兼留下優厚小費。事業之外，女兒、丈夫、家庭齊全，不過良人非舊人！

舊愛賴恩亦也轉運，並非女友飛黃騰達他運滯兜踎，而是夢想成真，Seth's 爵士樂吧成功開啟。那夜愛瑪夫婦撞了入內，看到店子 Logo 沿用當年她親畫手稿設計，心下即清明舊歡雖餘夢情意未淡。無奈坐下，他看見她，坐下鋼琴獨奏他為她曾經譜寫的樂章；鏡頭轉動，What If 共諧連理是他們二人，生活改寫細節重組……假如、假如、假如，世上沒有假如。

回到現實，隔空遙望，縱使千言萬語，作為觀眾、多害怕一雙舊戀人迎頭相認抱頭痛哭，啊！那是荷李活！

回眸遙遙對望數秒，眼簾眨動一下作招呼，可沒將淚水掃落，現實中的文明人原應如是；呼應叫人永遠心疼《金枝玉葉》（*Roman Holiday*）結尾，公主柯德莉夏萍摒棄官方安排，走落高高在上王座，與記者群中牽動漣漪兩天知遇格力哥利柏，握手互祝珍重，如她身份凝重、身影輕盈窈窕般的淚光盈睫止於眼眶，一切文明。

超級手術後留痕。攝影：Roy Lee。

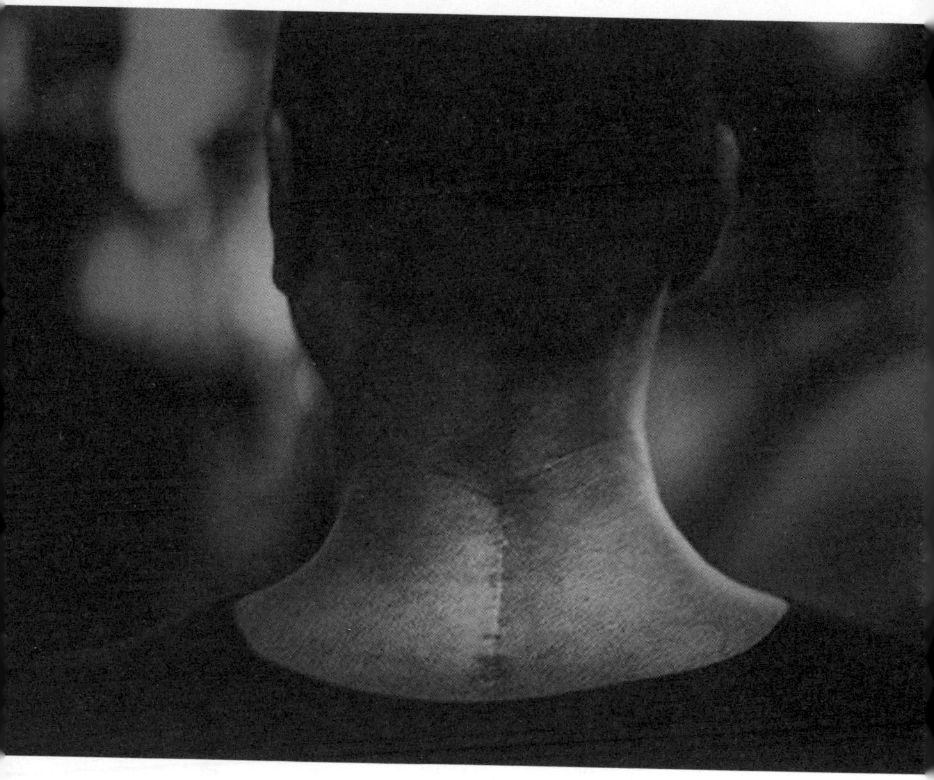

命裏有時終須有

老日子智慧：「命裏有時終須有，命裏無時莫強求。」這般教人以平常心看待世情諸事，聽得最多來自祖母，她娘家深圳上沙大夫第黃家，出嫁前讀過好幾本書，寫得一手好字，出口成文，顯淺易明。

行行出狀元。考不到第一？考第七。弟兄姊妹有今生無來世。得意事來，不過一二；失意事來，十常八九。命裏有時終須有，命裏無時莫強求……想我祖母作為祖父原配，下面曾有四名侍妾，如非深明得失平衡，日子如何易過？

少年時期在外面求學，英國紙品名牌 Athena 出品浪漫溫馨，途經打書釘，也有好幾句唸熟放入口袋：

"If you love someone (something), set him free. If he comes back he's yours. If not? He never was！"

另一則："Never force anything. Just let it be. If it's meant to be, it will be." 又一則："You have to learn to say No. One day, No is gonna look for you."

英語的上兩則與「命裏有時終須有，命裏無時莫強求」具異曲同工之妙，讀來感受命途多舛，人本滄海一粟，何如抗衡命運龐大力量不論得意、失意的安排？

已過人生數十寒暑，以為「兩岸猿聲啼不盡，輕舟已過萬重山」。事實不然。活到老、學到老，千古不移！

緬甸。

四苦根本是平常

四苦有說：看不透、捨不得、輸不起、放不下。

另有說法，求不得。這說法較合理，捨不得與放不下，意思不是一樣嗎？

心情忐忑，路程參差，活在沒完沒了悶悶不樂的我們，失足就在「求不得」。

四苦：看不透、輸不起、放不下，求不得，簡約解讀，一句：不自量力！

之前拜讀頗叫人回味：唸佛為了遇見自己。

遇見自己不就是認識自己，也包括較正確地評估自己能力？

期待已久，本應與盧冠廷上週六晚在紅館有個沉醉歌聲的晚上，工作所逼，位子轉送他人。

特別想聽他唱《為甚麼》，感受現場氛圍好一句：「四苦根本是平常！」

最近你聽甚麼歌？

我都在重聽先前一段時間的舊歌，Wim Mertens，Carla Bruni，盧業瑂或盧冠廷不同版本、盧盧原著《泥路上》，盧冠廷或盧業瑂不同版本、五輪真弓曲鄭國江詞《為甚麼》。Branda 以木結他及天使之聲直吹心窩的演繹，是老民歌們口袋裏常備的驅風油，當活過得濕滯，掏出來抹抹，精神爽利。Lo Lo 今繹《為甚麼》，唱出好幾瓣蓮花，拉起一股將所有版本包括純鋼琴、純結他、純二胡或純木笛一再重聽的衝動。

五輪真弓原曲當然精警，鄭國江幾十年前寫下的歌詞簡約剔透，愈聽愈入味……借來一抄，共大眾溫故知新：

「為甚麼生世間上／此間許多哀與傷／為甚麼爭鬥不絕／歡欣不永享／問為何人存隔膜／顏面無真相／問那天可找得到／理想中的烏托邦／為甚麼雙鬢斑白／光采消失面容上／為甚麼齒髮俱落／一張怪模樣／問為何年年春歸／無術攔春去／問那天可再一見／我當初的舊模樣／為甚麼竟會生病／輾轉反側在

床上／病榻中許我一問／怎可永無恙／問為何常存空想／愁病誰可免／是眾生必須經過／四苦根本是平常／為甚麼淒冷孤寂／輕飄飄像無力／為甚麼不見光亮／飄渺沒形象／在目前如何風光／仍是泥中葬／沒有牽走一根綫／那許依戀臭皮囊。」

望天上雲卷雲舒

家鄉元朗流浮山日落。

牢牢寫好，記錄在中學時期日記本的兩則文字。無愁強說愁少年心性，哪知見過世面爾後的殘暴體驗？

「寵辱不驚，看庭前花開花落。去留無意，望天上雲卷雲舒。」

「幸遇三杯酒美，況逢一朵花新，片時歡笑且相親，明日陰晴未定！」

輾轉抄錄的斷章，難免與原文可能有偏離，反正讀來舒服，早已習慣這個版本的註釋。

有人以為這兩段文字Cliche、老套，又如何？

重要在於自少年歲月背得滾瓜爛熟，再沒有更熟悉的心靈雞湯，不時掏出至感悟點滴。

時光荏苒，經歷歲月重疊，曾經以為跟隨大半輩子之座右銘大可束之高閣，往後的日子無仇無怨，海闊天空。

一些道理莫失莫忘，生活轉過彎，夢魘會走回頭路，好好安放心邊隨時隨地候教。

不斷有關心的親友追問：發生了甚麼事？還有甚麼事情好發生？好事不會壞、壞事躲不過！

生命歷程起伏跌宕，昨天過了，今天、明天仍在，總有化不去無分厚薄天天的困難重重。揹着個「勇」字衝呀、衝呀去日苦多，不是無力，而是力不再如此浪費；兵來將擋、水來土掩的歲月如流水作業，再沒有興趣跟進奮鬥。

發生甚麼事的細節無容細品，因由莫用記取，一切都會淡出、過去，都會過去。

有人說得對：人生如債，還完好走。

一些人擁債甘之如飴，還個地老天荒直至老死仍未肯作結。

從來是個獨立獨來獨往人，嚮往自由是首位目標。邁向目的地必先放下肩背重擔，切勿事事關心做大佬。

沒啥物質重要，除卻光影留痕，細品曾經捕捉片時一刻眼簾景物，文字語言難細計算，雖非大師或專業作品，卻是實實在在眼見所及攝影作業。

走過的路不短、路上碰過的人不少、經歷事物重疊不淺，猶如飲水，冷暖自知；得者我幸，失者我命！無言，如此而已。

情憑誰來定錯對

J投訴舊愛Z向朋友公開他們的私信……

百思不解……誰、誰、誰獲得這份「信任」得悉二人私密話語？

除非心急解碼，將私人對話公開，那非Z風格。

如若屬實，與對方交往定非泛泛，可以托付信任的表表者，可惜，還是被出賣！

愈得信，愈失信，多叫人氣餒？誰人沒有失落時？

如若屬實，Z不過找個信得過的朋友分享心情，情理還是充裕的。二人能在一起近千日，各走各路除非無情無義，怎會心情零忐忑？

如果真有這種花蝴蝶，請好好戴上眼鏡，看清楚，勿將魚目混珍珠，頂多

曇花一現，童年時家中植過不少，或時花開，一家人特意遲睡待靠近午夜，花兒盛放。

是名愛情集郵中堅份子。

H勸J披露青葱歲月情史，當中牽涉不同領域、好幾位殿堂級人物……J回應笑、笑、笑之後，還是哈哈哈！

時光流逝，情感洗刷無聲，還需拿出曬命、曝光？

不論當作年輕時的糊塗史，還是歲月寶盒珍藏心情秘記，總之一人自負盈虧，自己清楚；情憑誰來定錯對？

J未曾感覺過與殿堂人物談情說愛為人生高潮、豐功偉績、浮世光榮錄，他有他得着。

得着甚麼？與人無尤。

何必人到兩岸猿聲啼不住、輕舟已過萬重山、人生成熟境界出賣舊人？

關鍵還是出賣了自己，多不值得！

形容一些至貼心的事情為「帶着入墳墓」，能將一些屬於自己與當事人起伏跌宕私密帶進墳墓，也是一份「信」，無關愛與不愛，重要完完整整屬於二人共有，值得嚴謹保障。

活在社交網絡世代，無從估計，多少私人空間被出賣？

也非別人錯失，絕大部分為自己沒心沒肺，招搖過市，煩惱自尋。

老話：情憑誰來定錯對？

錯、對？無需旁人Judge。

緊記：過得了人，過得自己。

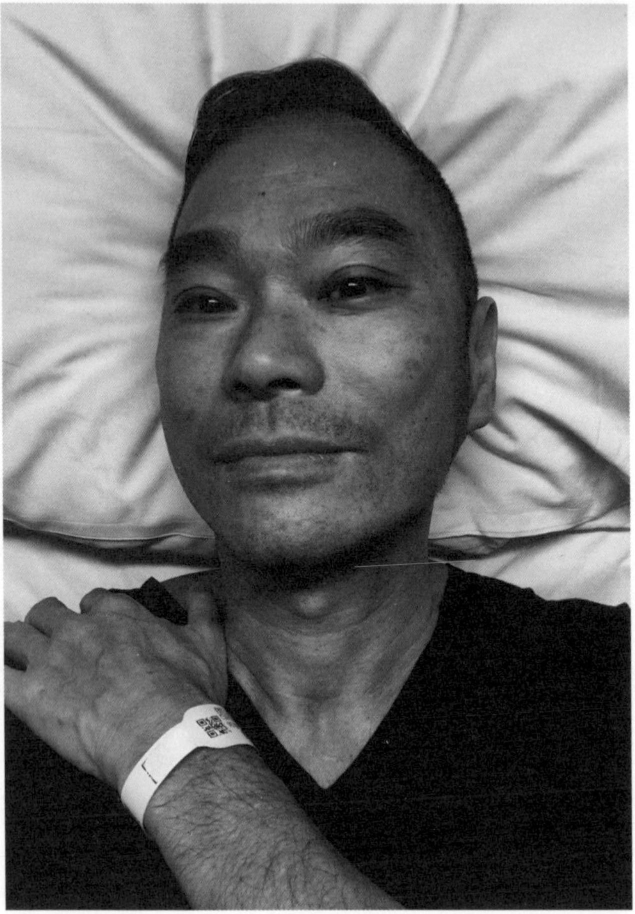

抆人冚你你冚自己

刮、翳、抆、冚，或粵音近，或與巴掌原意相若。

「巴掌」二字感覺太斯文，不及粵語叫法包辦行動與凌辱。

兜巴摑你！翳你三巴！兜巴星抆醒你！

冚，原本無關這兜巴星熱辣辣行為，一般用在冚棉胎、冚得密密實實。

未得朋友正確粵字粵音指點之前，首先搜出便是「冚」，能罩着一個山的冚字，相對聽聞正確「抆」字，跌宕起伏氣勢磅礴，落筆決定去「抆」存「冚」。

前賢智慧：別人如何出手？是他的業。你如何反應？那是自作業。

業，因果；Karma。一再重讀，點點明白：孽障源由己生，莫怪旁人為害。

二〇一七年三月，乙結腸癌切除後第三年，每年一次全身檢查後，癌症教授專家跟我說：看來已脫險，無大礙，明年不用再回來了。

過去視傷口為別人切割造成，與己無關，自己能不加把勁，未在傷口灑鹽已屬高境界。

一路行來，路上人、事、物紛紜，見多了，另有看法：別人沒切割你，沒讓你留下傷口，一切後果純屬自作業。

自己繼而向傷口灑鹽，更屬活該。生活處處是道場，昇華與否全數自己選擇、自我因由，切忌將責任推卸別人。緊記反應接招，咎由自取。

沒人需要你寬恕、原諒，你亦無需乞求公平、公正。給你輸贏了、贏盡了，又如何？一切突兀，全皆緣份，一切當事人，全數有緣人，莫看作敵人。

「明明係佢做錯，處理不當，點解要我忍氣吞聲？」OK OK OK，所有錯，都錯在別人，與你無干，如何？

感情路上本來無對錯，承受得了便是對。屬於自己兼控制內便是對，承受不了便是錯。轉戶口、沒留下便是錯。

時刻，環境，相關人等切換；一切認定的對、錯，乘時光轉移對調，是對？還是錯？再無意義。

事過境遷，回望微笑：都過去了。清風明月，一路走來乾淨。縱或孤寂，無阻漂亮。耿耿於懷，還在哀悼認定是別人留下的纍纍傷痕？多無謂？

緊記：那是你讓自己受傷，與人無尤；切莫尋仇，尤其向自己落手。

切忌化身床下底判官

情人對話：我不可能滿足你所有慾望……如果，說的，全心全意。聽的，好自為之。二人相處，平常福祉不難達致。

朋友說他們二人七年交往、十年婚姻，共十七年保持歷久常新小智慧：外間如何看他？全因你如何說他。

如何平衡二人關係？你說他曳，朋友面前他便成了壞蛋。你說他好，全世界（就算免為其難），都姑且相信你們相處良好。

二人共度，你嚇吓我、我嚇吓你，日子流水作業容易過。甚麼都要攤開來說清楚？那是生意，是交易。人誰無過？自己至清楚底下藏匿往昔行差踏錯有幾多。

朋友與前度分手，沒小三，起碼雙方提出分手時孑然一身。

天水圍公園某天下午，長長的光影。

事情醞釀超過一年，其他人當然看不到已無招架的內傷，再熟悉的朋友也不是床下底那條蟲，縱使是條蟲，如何清楚二人內心世界分割程度？

床下底蟲以為自己得天眼，口頭禪：唔使問阿貴都知喇……自動化身做床下底判官！

眾人眼中A生活比較寬裕，社會歷練比較久長；所以B一定對。仲使問？那用客觀求證，梗係A錯晒！

不合邏輯推理比比皆是。

沒人問問A，這段關係開展以來承受難以明言的隱藏真相何如？A努力將門面工夫做到家，只為深信沒有永遠的敵人，日後好相見。

誰知好意被床下底判官白姐姐上身，一錘定音……話你錯，就係你錯，仲使問？

A何妨不問問這些物類可是朋友？

沒人客觀關心他接二連三啞仔食黃連？還要加把勁被打造衰格落水狗，急不及待罪加三等，踩多幾腳。

活久了，心淡指數漸次遞增，看慣了：以為是朋友，卻原來踩得至痛！至深！

莫用你的淺量度我的深

同伴的「朋友」曉以大義：

一、保持沉默三件事：愛情生活、入息（財產）、人生下一步；

二、弄清私隱與秘聞之分別，莫將私人生活造就八卦資料，製作大眾娛樂新聞；

三、社交網絡幾乎無私隱，莫讓人家窺探閣下大小諸事。網絡鋪文不見經傳，不表示沒出息，沉默是金；邁進新境界無需宣示全世界；

四、生活的意義何須與人競賽？關鍵與自己比拼，跨越過去的阻撓與難度，開展人生優秀新版圖！

「朋友」大條道理用心良苦，原應一讚，惜提供不外其人目光所及之水平金句；對初中生或童心未泯蒸生瓜老、中、青定有裨益。

媽媽離逝前，每天騎單車前往探望，之後到屯門蝴蝶灣旁，徜徉休息望天自拍。

社交網絡多少被封為天菜、女神、男神諸物類，以大方半裸、全裸肉體提供虎視眈眈鹹蟲眼睛冰淇淋，天天自數眾網友爭奪以千計 Like 滿足現狀生活的貧乏。不見得當中幾個跨界成功走出網絡，能在現實世界大搖大擺我行我素。所有豐乳盛臀胸肌股肌當失落網絡，仍可得逞者極稀，絕大多數見光死，被打回原形。

社交網絡，例如 Facebook 提供與現實生活隔一層血肉的展示平台，讓扭盡六壬眾生以自我陶醉方式、形象迷惑目標，除了傻人，不過自己。

遊戲一場，竟然費神使出道理金句教人如何自處，如何沉默是金？又有蠢人被循循善誘，某程度上就是今人全副心神被智能手機迷惑的失心瘋！

如若明白命運，當知同人唔同命，一些事情可能自我主宰，那是「運」。然「命」之奧妙，普通常人如何着先機隨便改變？

「命」之所轄，有人天生鎂光燈下，有人如何怨懟如何恨到出面拋頭露面，就是缺乏 Charisma！

執於己手，將最底層私隱完好覆蓋，深度自我調校，這便是「運」。

隨便賣大包，讓大眾看到？不過冰山一角，爾爾表皮。

以為看到人家底層、核心的深？純粹閣下膚淺，以為高人一等珠璣算盡；行走江湖連這點基本常識還未懂梳理，卻借用小小利益甜頭點指兵兵將朋友調動？教訓人家生活生命取向？慳番啲啦，唔該！

旅遊閃令令

都是書展，每年這上下鋪天蓋地。同樣灣仔會議展覽中心舉行，曾經香港一枝獨秀經濟奇葩，筆者老本行時裝設計相關「香港時裝週」剛剛舉行過，如錦衣夜行，靜悄悄發生於無人聞問！

佔自己人生起碼三分一，難得「旅遊」作為二〇一七年香港書展主題。倒期待貿易發展局請些甚麼旅遊達人演繹？媒體銷俏的旅遊家，大不了徘徊在旅遊出版界一枝獨秀閃令令旅遊書系列，甚至更低的水平。

書架上拒絕半本閃令令，表示自己旅遊歷程、經驗、品味高人一等？同伴出門旅行次數與經驗皆非一般人可望項背，他的書架卻不缺閃令令。曾亦戴上有色眼鏡，用這標準評估……弊家溜！難道自己揀錯了？書架上，行李喼內不乏閃令令的人怎可能與我共遊？

少年時代首本、珍藏至今旅遊書籍：台灣費禮著《穹蒼下》，皇冠出版。當年得到陳紀瀅、桂文亞、薇薇夫人、丹扉……等健筆撰寫書評，擁數量頗豐水準

南禪院山門前初雪。

極高圖片。當年旅遊業及交通網絡發達程度與今天無可比擬，行蹤包括歐美及香港眾多迷人及獨特景點，潤色以優雅文字道，難能可貴。

自小對地圖着迷，跟着地圖上路線地名奔馳，沉醉異國風情的幻想與實際，那時相距並不遙遠；摩洛哥百分之九十五人口仍穿風中飛揚長袍，藏人藏在羊毛襖袍，除極少數絕大部分巴勒斯坦人仍穿戴傳統袍褂，湘西苗族平常日子滿身繡花與銀器等等風景，都曾深深享受、感受過。那些年，旅途上人、事、物絕大部分仍然原裝、Organic。

閃令令旅遊書籍的低水平並非書籍內容、撰寫人水平，而是世途。拒絕旅遊景點主題公園化，保持生態環境人、事、物依舊幾乎絕跡。閃令令不過按照今時今人的生活方式、思維程度提供吃喝玩樂與掃貨的方便。

按照 Alain de Botton《The Art of Travel》、舒國治《臺灣重遊》、張信剛《大中東行紀》、也斯《布拉格的明信片》、Orhan Pamuk《Istanbul》等等著作的感性字裏行間出門旅行者如此鳳毛麟角。閃令令不過提供今人可以接受的快、靚、正，予本來便時間短促的旅程物盡其用，無可厚非！

意大利托斯干納。

餘生何處是吾鄉

席間雲翔問答遊戲：餘生哪裏度過？

十個港人中，雲翔答墨爾本，兩個答台北，一個答台中，一個答曼谷，一個答東京，兩個紐約（是紐約，不是美國），一個答香港，一個托斯干納（無人答歐洲國家，除了我）。

也是一種港人標準，回歸快二十年，港人棄港！

選香港的朋友是從來微笑看人生、老友記黃惠康醫生。

至奇妙，香港人具備跳船移民他鄉這份力量全靠：香港為我們生金蛋，無論那蛋大與小，總之話走就走，變身能力極強，換轉其他國家地區人民，未必抱擁如此方便。

「下一步台灣」幾乎成為今天一種港人態度。

喜歡台灣是肯定的，可想都沒想過在台灣度過餘生的可能性。

甚至京都、亞洲終極至愛城市，有條有理、精緻無倫；也只適宜間中投宿，太豐富、教長期住下來者窒息。

Orientation不一樣，亞洲除了自家香港，想不出那裏更符合自己境況與情緒。

真要香港以外選亞洲地區？擁有貼地生活，明亮慵懶帶人氣，首推檳城。

檳榔嶼英殖遺風可算吸引元素？不在話下的當然！

一直以為自己與新界老家不離不棄。看着近年環境大幅度變更，過去熟悉的鄉村韻味氣若柔絲，面貌豈止模糊？簡直大勢已去無家可歸！本來平伏安穩的心構思去意漸濃。

缺山地貌不會是自己選擇，多倫多、上海之類平坦地域想也不用想。在海的不遠處成長，選歸宿，當必靠海。意大利中部丘陵山嶽、海洋湖沼無不俱備。歷史人文豐盛，最重要，靠近擲地有聲名城，卻不缺乏綠野鄉間；既方便亦寧謐，自少年初探，不斷重來，不止熟悉，處身其間沒感覺自己是遊客、是過客、是異鄉人非常重要。

能住下來，視這片土地為吾鄉，與本來居民相處不覺自己身份是異類，你的餘生才算找對正確地方。

跋　回望二〇一七

二〇一七倒數的聲音愈來愈近，年底細算，相比其他年份，過去一年比往年內容豐富更甚！

要選其中最堪銘記的一瓣？當然是走過法國西南部、跨越比利牛斯山，然後橫過西班牙北部，從東而西到達目的地的「聖雅各朝聖之路」（Camino de Santiago）。

構成上路前因早已說過，二〇一七年初於日本和歌山白濱円月山前決定，同年四月底出發。之前十年已許下願望，惟當時密密大江南北跑遍，工作量繁重無論如何抽身不得，再過幾年頸椎舊患發作，大手術後才發現揹起極輕的背囊也無力承擔，卻未曾將主意打消，明查暗訪不斷尋找不同款式斜揹袋、腰袋的行走裝備。

可從未想過尋覓另一個同行朋友以便照顧，這條路要行，必定自己獨自一人。

一種獨力承擔的承諾，也是私底下獨處（Solitude）狀況的延續。

頸椎手術後遺未過，母親患病、治癒、離世；縱使期間出現極難得南極與北極旅行的邀請，也無心上路，「聖雅各之路」暫緩、放下。

母後之痛還未梳理，卻發現自己大腸的乙結腸部分出現腫瘤，猶幸仍屬未擴散的二期，一連串手術、治療……又一些年月蹉跎。去年發狠減澱粉戒甜食，身材明顯消瘦，健康亦大躍進，年初望円月山圓渾夕陽西下，跟自己說：莫再等，今年上路。

上路前後，一直在報刊自己專欄撰稿分享，然而進程快去到尾聲，接近聖地牙哥，忽爾興趣大減，不少朋友還以為我沒行到終點，中途作廢。事實一路走來，時高時低山外有山，時晴時雨風雲變幻，不斷認識新朋友，他們也不斷因各自步伐時緩時速而流失。

當一般計算每天行走平均二十公里左右路程，總共行三十天上下完成。我卻每天從早到晚，樂此不疲，中飯也不停下來進食，平均每天走上四五十公里，另加 Burgos 至 Leon 那程地勢平坦兼高速公路與朝聖之路不時交叉，風景一般（自己又非宗教信徒，非必走每一步才算完滿），所以搭乘公共交通減去大概二百公里，以十二天的超速時間行完。

最後的時光不斷趕路，幾乎不與旁人交談，從日出到日落，飛快奔馳，連大背囊及專業爬山靴並睡袋全數邊行邊扔掉，終否定前人將這條路程過份神化，也過份渲染難度與山區偏僻。

被世人走了近一千二百年的路線，沿途設施非常成熟，根本揹一個專業小背囊，帶備溫暖衣物並雨具，尤其一雙優質手杖即可輕鬆上路；也不用過份將這路當作甚麼神跡，它本是一條背負宗教與歷史的路程，「聖雅各之路」最能激勵一個人獨處、獨行，風采展翅。

除此之外，就是放下今人不能自拔與手機連成一體的現象：一面行路，一面與大自然、與自己的心親密對話。

終於來到目的地，西班牙西北部加利西亞聖地牙哥。入城前，於路面指引方向的金屬貝殼前，讓累極雙腳留影。

星星指引 孤身上路——聖雅各朝聖之路

作者　鄧達智

責任編輯　李安

書籍設計　李嘉敏

出版　三聯書店（香港）有限公司
香港北角英皇道四九九號北角工業大廈二十樓
Joint Publishing (H.K.) Co., Ltd.
20/F., North Point Industrial Building,
499 King's Road, North Point, Hong Kong

香港發行　香港聯合書刊物流有限公司
香港新界大埔汀麗路三十六號三字樓

印刷　美雅印刷製本有限公司
香港九龍觀塘榮業街六號四樓Ａ室

版次　二〇一八年二月第一版第一次印刷

規格　十六開（140mm × 200mm）三二〇面

國際書號　ISBN 978-962-04-4298-8

三聯書店
http://jointpublishing.com

JPBooks.Plus
http://jpbooks.plus